120 Quiches, cakes et salades

120 Quiches, cakes et salades

pour composer des tablées, pique-niques ou dîners faciles

LAROUSSE
21 rue du Montparnasse 75283 Paris Cedex 06

Sommaire

Quiches et tartes

Cakes et terrines

Salades

Quiches et tartes

Tarte soleil
tapenade et ricotta

POUR 4 À 6 PERSONNES
Préparation : 10 min
Cuisson : 30 min

2 pâtes feuilletées
250 g de ricotta
2 c. à soupe de tapenade
1 jaune d'œuf
Quelques branches de thym

1. Préchauffez le four à 180 °C. Déroulez les pâtes feuilletées sur une plaque à pâtisserie.
2. Tartinez une pâte feuilletée de tapenade jusqu'à 2 cm du bord.
3. Étalez la ricotta dessus.
4. Recouvrez avec la seconde pâte en pressant les bords.
5. Badigeonnez le dessus de jaune d'œuf dilué dans un peu d'eau.
6. Placez un verre à l'envers au centre de la pâte. Coupez la pâte du centre vers l'extérieur, d'abord en 4, puis en 8, en 16 et enfin en 32 afin d'obtenir des bandelettes.
7. Torsadez chaque bandelette, puis enfournez pour 30 min.

Quiche brocoli, bacon fumé et cheddar

POUR 4 À 6 PERSONNES
Préparation : 20 min
Cuisson : 35 min

1 pâte brisée
150 g de bacon fumé
1 tête de brocoli
100 g de cheddar rouge râpé
25 g de fécule de maïs
20 cl de lait
3 œufs
Sel et poivre

1. Préchauffez le four à 200 °C. Déroulez la pâte brisée dans un moule à tarte (ø 24-28 cm). Recouvrez-la de papier sulfurisé et de poids, puis enfournez-la à blanc pendant 10 min. Sortez ensuite le fond de tarte du four, retirez les poids et le papier sulfurisé. Baissez la température du four à 180 °C.
2. Faites dorer à la poêle le bacon fumé. Pendant ce temps, détaillez le brocoli en fleurettes, puis mettez-les à cuire 5 à 8 min à la vapeur. Répartissez le bacon et les fleurettes cuits sur le fond de tarte.
3. Délayez la fécule de maïs dans le lait, puis ajoutez les œufs, fouettez, salez et poivrez. Ajoutez le cheddar.
4. Versez la préparation précédente dans le fond de tarte et enfournez pour environ 25 min.

Tarte fine aux pommes de terre et au magret séché fumé

POUR 4 À 6 PERSONNES
Préparation : 15 min
Cuisson : 25 min

1 pâte feuilletée
2 pommes de terre
90 g de magret de canard séché fumé
1 gousse d'ail
Quelques brins de thym
Huile d'olive

1. Préchauffez le four à 180 °C. Déroulez la pâte feuilletée sur une plaque à pâtisserie.
2. Pelez les pommes de terre et tranchez-les finement, idéalement à la mandoline. Hachez l'ail et effeuillez le thym.
3. Disposez les rondelles de pommes de terre en rosace sur le fond de tarte en les alternant avec des tranches de magret de canard. Parsemez d'ail haché et de thym effeuillé.
4. Arrosez d'un filet d'huile, puis enfournez pour 25 min.

Quiche lorraine

POUR 4 À 6 PERSONNES
Préparation : 10 min
Cuisson : 35 min

1 pâte brisée
200 g de lardons fumés
3 œufs entiers + 1 jaune
30 cl de crème fraîche entière
Sel et poivre

1. Préchauffez le four à 180 °C. Déroulez la pâte brisée dans un moule à tarte (ø 24 cm).
2. Faites revenir les lardons fumés 5 min dans une poêle, puis éliminez l'excédent de gras en les réservant sur du papier absorbant.
3. Fouettez les œufs entiers et le jaune, puis ajoutez la crème fraîche entière, salez légèrement et poivrez.
4. Répartissez les lardons sur le fond de tarte, puis versez la préparation précédente et enfournez pour 30 min.

Tarte flambée,
oignons, lardons et munster

POUR 4 À 6 PERSONNES
Préparation : 10 min
Cuisson : 20 min

1 pâte à pizza
2 oignons
100 g de lardons
100 g de munster
3 c. à soupe de crème fraîche
1 jaune d'œuf
1 pincée de muscade
Sel et poivre

1. Préchauffez le four à 200 °C. Déroulez la pâte à pizza sur une plaque à pâtisserie et étirez-la.
2. Faites dorer les lardons à sec dans une poêle. Pelez et émincez les oignons. Coupez le munster en lamelles.
3. Fouettez la crème fraîche avec le jaune d'œuf.
4. Versez la préparation sur la pâte à pizza, puis répartissez les lardons et les oignons dessus. Salez et poivrez. Saupoudrez de muscade. Recouvrez de lamelles de fromage et enfournez pour 20 min.

Quiche chorizo,
poivron et aubergine

POUR 4 À 6 PERSONNES
Préparation : 10 min
Cuisson : 35 min

1 pâte feuilletée
½ chorizo
¼ de poivron rouge
¼ de poivron vert
1 aubergine
3 œufs
30 cl de fromage blanc
ou de yaourt brassé de brebis
1 pincée de paprika fort
Sel

1. Préchauffez le four à 200 °C. Déroulez la pâte feuilletée dans un moule à tarte (ø 25 cm). Recouvrez-la de papier sulfurisé et de poids, puis enfournez-la à blanc pendant 5 min en veillant à ce qu'elle ne colore pas. Sortez ensuite le fond de tarte du four, retirez les poids et le papier sulfurisé. Baissez la température du four à 180 °C.
2. Pendant ce temps, fouettez les œufs et le fromage blanc ou le yaourt.
3. Coupez le chorizo en cubes. Détaillez les poivrons en lamelles et l'aubergine en dés.
4. Mélangez le chorizo, le poivron et l'aubergine à la préparation précédente, puis ajoutez le paprika et salez.
5. Versez la préparation précédente dans le fond de tarte et enfournez pour 30 min.

Tarte soleil
jambon et mimolette

POUR 4 À 6 PERSONNES
Préparation : 15 min
Cuisson : 25 min

2 pâtes feuilletées
3 tranches de jambon blanc
100 g de mimolette
2 champignons de Paris

1. Préchauffez le four à 190 °C. Déroulez les pâtes feuilletées côte à côte sur une plaque à pâtisserie.
2. Râpez la mimolette. Essuyez et émincez les champignons à la mandoline.
3. Répartissez sur une pâte feuilletée les tranches de jambon, la mimolette râpée et les champignons émincés.
4. Recouvrez avec la seconde pâte en pressant légèrement les bords.
5. Placez un verre à l'envers au centre de la pâte. Coupez la pâte et sa garniture du centre vers l'extérieur, d'abord en 4, puis en 8, en 16 et enfin en 32 afin d'obtenir des bandelettes.
6. Torsadez chaque bandelette, puis enfournez pour 25 min.

Quiche potimarron,
lard et graines de courge

POUR 4 À 6 PERSONNES
Préparation : 20 min
Cuisson : 1 h

1 pâte brisée
450 g de chair de potimarron
5 tranches de lard
30 g de graines de courge
30 cl de lait
10 cl de crème liquide
3 œufs
1 c. à soupe d'huile d'olive
Sel et poivre

1. Préchauffez le four à 160 °C. Déroulez la pâte brisée dans un moule à tarte (ø 20-22 cm). Recouvrez-la de papier sulfurisé et de poids, puis enfournez pour 30 min. Sortez ensuite le fond de tarte du four, retirez les poids et le papier sulfurisé.
2. Pendant ce temps, coupez la chair de potimarron en cubes. Faites-les légèrement dorer dans une poêle avec l'huile d'olive, puis versez un peu d'eau et poursuivez la cuisson 15 min jusqu'à ce que l'eau s'évapore.
3. Dans une autre poêle, faites dorer les tranches de lard à feu vif, 1 min par face, sans matière grasse, puis découpez-les en deux ou en trois.
4. Fouettez le lait avec la crème liquide, les œufs, salez et poivrez.
5. Déposez le potimarron dans le fond de tarte, puis versez la préparation précédente. Recouvrez de tranches de lard, parsemez de graines de courge et enfournez pour 30 min.

Tarte couronne
montagnarde

POUR 4 À 6 PERSONNES
Préparation : 15 min
Cuisson : 35 min

1 pâte feuilletée
2 grosses pommes de terre
100 g de lardons
4 tranches de raclette
1 jaune d'œuf
Sel et poivre

1. Préchauffez le four à 180 °C. Déroulez la pâte feuilletée sur une plaque à pâtisserie.
2. Faites cuire les pommes de terre 15 min à la vapeur ou à l'eau bouillante, puis détaillez-les en petits dés. Mettez les lardons à revenir dans une poêle.
3. Au couteau, tracez sur la pâte feuilletée 4 lignes de 12 cm de long au centre pour former une étoile à 8 pointes.
4. Déposez les pommes de terre et les lardons sur le pourtour de la pâte. Ajoutez la raclette, salez et poivrez.
5. Rabattez chaque pointe de pâte sur la garniture, badigeonnez-les de jaune d'œuf, puis enfournez pour 20 min.

OPINEL
INOX
OPINEL
SAVOIE FRANCE

Tarte soleil

au Boursin® et à la chiffonnade de jambon

POUR 4 À 6 PERSONNES
Préparation : 10 min
Cuisson : 30 min

2 pâtes feuilletées
150 g de Boursin®, ail et fines herbes
8 tranches de jambon
1 jaune d'œuf
Quelques brins de ciboulette

1. Préchauffez le four à 180 °C. Découpez 6 disques de même taille dans chacune des pâtes feuilletées. Déposez-en la moitié sur une plaque recouverte de papier sulfurisé. Tartinez-les de Boursin® jusqu'à 2 cm du bord, puis répartissez les tranches de jambon.
2. Recouvrez-les avec les disques de pâte restants en soudant les bords avec les doigts. Badigeonnez de jaune d'œuf dilué dans un peu d'eau.
3. Placez un verre à l'envers au centre des disques et découpez 16 bandes au couteau tout autour, en partant du bord du verre vers l'extérieur. Retirez le verre et torsadez chaque bande. Enfournez pour 30 min. Parsemez de ciboulette lavée et ciselée avant de servir.

Quiche sans pâte

à la Vache qui rit®

POUR 4 À 6 PERSONNES
Préparation : 10 min
Cuisson : 30 min

5 Vache qui rit®
40 cl de lait écrémé
4 œufs
80 g de farine
1 pincée de muscade
120 g de lardons
Sel et poivre

1. Préchauffez le four à 180 °C. Tapissez un moule à tarte de papier sulfurisé.
2. Mixez la Vache qui rit®, le lait et les œufs dans un blender jusqu'à obtenir une pâte lisse.
3. Versez le mélange dans un saladier, puis ajoutez la farine en fouettant, la muscade, salez et poivrez.
4. Répartissez les lardons dans le fond du moule.
5. Versez la préparation précédente et enfournez pour 30 min.

Quiche au bœuf,
chèvre frais et épinards

POUR 4 À 6 PERSONNES
Préparation : 10 min
Cuisson : 30 min

1 pâte brisée
300 g de bœuf haché
200 g de chèvre frais
2 poignées de pousses d'épinards
3 œufs
Sel et poivre
Huile neutre

1. Préchauffez le four à 180 °C. Déroulez la pâte brisée dans un moule à tarte (ø 24-26 cm).
2. Faites chauffer un filet d'huile dans une poêle et mettez-y le bœuf haché à cuire 5 min. Lavez et séchez les pousses d'épinards.
3. Répartissez le bœuf haché et les pousses d'épinards sur le fond de tarte.
4. Dans un bol, fouettez les œufs avec le chèvre frais, salez, poivrez et versez sur le bœuf et les épinards. Enfournez pour 25 min.

Quiche caprese

prosciutto, tomates cerises, basilic et scamorza

POUR 4 À 6 PERSONNES

Préparation : 25 min

Cuisson : 40 min

1 pâte feuilletée
4 tranches de jambon cru (type prosciutto)
25 tomates cerises
1/2 botte de basilic
250 g de scamorza fumée (ou de mozzarella)
30 cl de lait
10 cl de crème liquide
3 œufs
Sel et poivre

1. Préchauffez le four à 200 °C. Déroulez la pâte feuilletée dans un moule à tarte, puis piquez-la avec une fourchette. Recouvrez-la de papier sulfurisé et de poids, puis enfournez-la à blanc pendant 10 min. Sortez le fond de tarte du four, retirez les poids et la feuille de papier sulfurisé.

2. Lavez les tomates cerises, puis coupez-les en deux et pressez-les légèrement. Coupez la scamorza fumée en dés ou en lamelles. Effeuillez le basilic, réservez quelques feuilles pour la décoration et ciselez le reste.

3. Fouettez le lait avec la crème liquide, les œufs, salez et poivrez. Déposez les tomates cerises, la scamorza et le basilic ciselé dans le fond de tarte précuit, puis versez la préparation précédente. Enfournez pour 30 min. Décorez avec le reste de basilic et les tranches de jambon cru.

Tourte d'automne
au veau haché et aux champignons

POUR 4 À 6 PERSONNES
Préparation : 10 min
Cuisson : 35 min

2 pâtes brisées
300 g de veau haché
300 g de champignons variés
3 c. à soupe de crème fraîche
1 jaune d'œuf
Sel et poivre
Huile neutre

1. Préchauffez le four à 180 °C. Déroulez la première pâte brisée dans un moule à tarte (ø 24-26 cm).
2. Faites chauffer un filet d'huile dans une poêle et mettez-y le veau haché et les champignons lavés et coupés en lamelles à revenir 5 min.
3. Répartissez le veau et les champignons sur le fond de tarte, puis étalez la crème fraîche par-dessus, salez et poivrez.
4. Recouvrez avec la seconde pâte, puis soudez bien les bords. Percez un petit trou au centre de la pâte, puis badigeonnez-la de jaune d'œuf. Enfournez pour 30 min.

Quiche feuilletée
au veau et au poireau

POUR 4 À 6 PERSONNES
Préparation : 10 min
Cuisson : 30 min

1 pâte feuilletée
300 g de veau haché
1 poireau
3 œufs
200 g de fromage frais (ou de Kiri®)
Sel et poivre
Huile neutre

1. Préchauffez le four à 180 °C. Déroulez la pâte feuilletée dans un moule à tarte (ø 24-26 cm).
2. Faites chauffer un filet d'huile dans une poêle et mettez-y le veau haché à revenir 5 min avec le poireau lavé et émincé.
3. Répartissez le veau haché et le poireau sur le fond de tarte.
4. Fouettez les œufs battus avec le fromage frais, salez et poivrez.
5. Versez ensuite la préparation précédente sur le veau et les poireaux. Enfournez pour 25 min.

Tarte fine poulet,
aubergine, poivron et feta

POUR 4 À 6 PERSONNES
Préparation : 10 min
Cuisson : 25 min

1 pâte feuilletée
1 escalope de poulet
1 aubergine
1 poivron rouge
100 g de feta
Huile d'olive

1. Préchauffez le four à 180 °C. Déroulez la pâte feuilletée sur une plaque à pâtisserie.
2. Coupez l'escalope de poulet en petits dés. Lavez et détaillez en petits dés l'aubergine et le poivron. Émiettez la feta.
3. Faites revenir le poulet, l'aubergine et le poivron 5 min dans une poêle avec un peu d'huile d'olive.
4. Répartissez le poulet, les légumes et la feta sur le fond de tarte. Enfournez pour 20 min.

Quiche sans pâte
poulet et courgettes

POUR 4 À 6 PERSONNES
Préparation : 10 min
Cuisson : 30 à 35 min

150 g de filets de poulet
300 g de courgettes
3 œufs
25 cl de lait
60 g de farine
Huile d'olive
Sel et poivre

1. Préchauffez le four à 200 °C. Détaillez le poulet en dés. Lavez et râpez les courgettes.
2. Faites dorer le poulet dans une poêle avec un filet d'huile.
3. Fouettez les œufs avec le lait, puis incorporez la farine, les courgettes et le poulet. Salez et poivrez.
4. Versez la préparation dans un moule à tarte (ø 24 cm) et enfournez pour 25 à 30 min.

Tourte au canard
et aux lentilles

POUR 4 À 6 PERSONNES
Préparation : 25 min
Cuisson : 25 à 30 min

2 pâtes feuilletées
2 cuisses de canard confites
150 g de lentilles cuites
1 c. à soupe d'huile d'olive
1 jaune d'œuf
Poivre

1. Préchauffez le four à 200 °C. Déroulez la première pâte feuilletée dans un moule à tarte.
2. Faites revenir les cuisses de canard dans l'huile, puis retirez délicatement la peau. Désossez-les et détaillez-les en petits morceaux.
3. Répartissez le canard, puis les lentilles sur le fond de pâte. Poivrez et recouvrez avec la seconde pâte en enroulant les bords vers l'intérieur.
4. Badigeonnez le dessus de la tourte avec le jaune d'œuf battu. Enfournez pour 25 à 30 min.

Tarte au poulet
et aux girolles

POUR 4 À 6 PERSONNES
Préparation : 10 min
Cuisson : 35 min

1 pâte brisée
250 g de blanc de poulet rôti ou de poulet fumé
250 g de girolles fraîches
ou surgelées selon la saison
2 gousses d'ail
½ bouquet de persil
50 g de beurre
25 cl de crème liquide entière
2 œufs
50 g de parmesan en copeaux
Sel et poivre

1. Préchauffez le four à 150 °C. Déroulez la pâte brisée dans un moule à tarte (ø 28 cm). Recouvrez-la de papier sulfurisé et de poids, puis enfournez-la à blanc pour 15 min. Sortez ensuite le fond de tarte du four, retirez les poids et le papier sulfurisé. Augmentez la température du four à 180 °C.
2. Pendant ce temps, détaillez le blanc de poulet en dés. Pelez l'ail, effeuillez le persil, puis hachez-les.
3. Nettoyez et émincez les girolles. Faites-les revenir 5 min à feu vif à la poêle avec le beurre.
4. Fouettez la crème liquide avec les œufs. Ajoutez le poulet, les girolles, le hachis d'ail et de persil, salez et poivrez.
5. Versez cette préparation dans le fond de tarte, parsemez de parmesan et enfournez pour 20 min. Décorez de copeaux de parmesan avant de servir.

Quiche au poulet,
au brocoli et au Boursin®

POUR 4 À 6 PERSONNES
Préparation : 10 min
Cuisson : 35 min

1 pâte brisée
200 g de filets de poulet
1 brocoli
200 g de Boursin® ail et fines herbes
3 œufs
Sel et poivre
Huile d'olive

1. Préchauffez le four à 180 °C. Déroulez la pâte brisée dans un moule à tarte (ø 24-26 cm).
2. Détaillez le brocoli en fleurettes et les filets de poulet en dés. Faites cuire le brocoli 10 min dans une casserole d'eau bouillante. Pendant ce temps, mettez le poulet à précuire 5 min dans une poêle huilée.
3. Fouettez les œufs et le Boursin®, salez et poivrez.
4. Répartissez le poulet et le brocoli sur le fond de tarte et versez la préparation précédente. Enfournez pour 20 à 25 min.

Tarte coco,
curry vert et poulet

POUR 4 À 6 PERSONNES
Préparation : 10 min
Cuisson : 30 min

1 pâte brisée
150 g de blanc de poulet
1 c. à soupe de pâte de curry vert
30 cl de lait de coco
½ bâton de citronnelle
3 œufs
Basilic
Sel

1. Préchauffez le four à 180 °C. Déroulez la pâte brisée dans un moule à tarte (ø 25 cm).
2. Détaillez le blanc de poulet en dés et émincez la citronnelle.
3. Fouettez les œufs avec le lait de coco, puis ajoutez le poulet, la citronnelle, la pâte de curry et du sel.
4. Versez cette préparation dans le fond de tarte et enfournez pour 30 min.
5. Lavez et effeuillez le basilic. Décorez la tarte de quelques feuilles à la sortie du four.

媒体中心开启赛后

Quiche façon pissaladière aux anchois

POUR 4 À 6 PERSONNES
Préparation : 20 min
Cuisson : 40 min

1 pâte feuilletée
10 anchois à l'huile
4 oignons jaunes
30 cl de lait
10 cl de crème liquide
3 œufs
3 c. à soupe d'huile d'olive
10 olives noires dénoyautées
Sel et poivre

1. Préchauffez le four à 200 °C. Déroulez la pâte feuilletée dans un moule à tarte (ø 24 cm), puis piquez-la avec une fourchette. Recouvrez-la de papier sulfurisé et de poids, puis enfournez-la à blanc pendant 10 min. Sortez le fond de tarte du four, retirez les poids et le papier sulfurisé.
2. Pelez et émincez les oignons jaunes. Faites-les revenir dans une poêle chaude avec l'huile d'olive et 2 pincées de sel.
3. Fouettez le lait, la crème liquide, les œufs, salez et poivrez. Déposez les oignons dans le fond de tarte précuit, puis versez la préparation précédente. Parsemez d'olives noires coupées en rondelles et d'anchois. Enfournez pour 30 min.

Tarte aux roulés de truite fumée

POUR 4 À 6 PERSONNES
Préparation : 10 min
Cuisson : 35 min

2 pâtes feuilletées
8 tranches de truite fumée
80 g de fromage frais
Quelques brins d'aneth
Sel et poivre
Huile d'olive

1. Préchauffez le four à 190 °C. Tapissez un moule à manqué (ø 21 cm) de papier sulfurisé.
2. Déroulez les pâtes feuilletées sur le plan de travail, puis tartinez-les de fromage frais.
3. Répartissez 4 tranches de truite fumée sur chaque pâte, puis parsemez d'aneth ciselé, salez et poivrez. Enroulez chaque pâte sur elle-même, puis coupez-les en 8 tronçons.
4. Disposez les tronçons de pâte garnis dans le moule à manqué. Arrosez d'un filet d'huile d'olive et enfournez pour 35 min.

Tartelettes
petits pois et saumon

POUR 4 À 6 PERSONNES
Préparation : 10 min
Cuisson : 30 min

1 pâte brisée
150 g de petits pois assez gros, frais ou surgelés
180 g de pavé de saumon
3 œufs
10 cl de crème liquide
20 cl de lait
1 citron non traité
Quelques feuilles de menthe
Sel et poivre

1. Préchauffez le four à 180 °C. Déroulez la pâte brisée sur le plan de travail. Découpez des disques de la taille de vos moules à tartelettes. Mettez-les dans les moules à tartelettes tapissés de papier sulfurisé.
2. Fouettez les œufs, la crème liquide et le lait. Prélevez le zeste du citron.
3. Détaillez le saumon en dés, puis ajoutez-les à la préparation précédente avec les petits pois, le zeste de citron et la menthe ciselée, puis salez et poivrez.
4. Versez la préparation précédente dans le fond de tarte et enfournez pour 30 min.

Quiche sur galette
de blé noir au saumon et aux oignons rouges

POUR 4 À 6 PERSONNES
Préparation : 10 min
Cuisson : 30 min

3 galettes de blé noir
2 pavés de saumon
4 oignons rouges
1 pincée de sucre
20 g de beurre pour le moule
10 cl de crème liquide
20 cl de lait
3 œufs
Quelques brins d'aneth
Graines de moutarde
Huile neutre
Sel et poivre

1. Préchauffez le four à 180 °C. Coupez les pavés de saumon en petits dés.
2. Pelez et émincez les oignons rouges, puis faites-les revenir avec de l'huile dans une poêle pendant quelques minutes. Saupoudrez-les de sucre et laissez légèrement caraméliser.
3. Beurrez généreusement un moule à tarte (ø 25 cm) et tapissez-le de 3 galettes de blé noir en les laissant dépasser.
4. Fouettez la crème liquide avec le lait et les œufs, puis ajoutez les dés de saumon et les oignons revenus, salez et poivrez.
5. Versez la préparation précédente dans le fond de tarte en galettes de blé noir et parsemez de graines de moutarde. Enfournez pour 30 min. Parsemez de brins d'aneth et servez.

Tarte poisson
au thon

POUR 4 PERSONNES
Préparation : 15 min
Cuisson : 20 min

2 pâtes feuilletées
1 boîte de thon
2 c. à soupe de pesto rosso
90 g de gruyère râpé
1 jaune d'œuf
Sel et poivre

1. Préchauffez le four à 180 °C. Déroulez les deux pâtes côte à côte sur une plaque recouverte de papier sulfurisé.
2. Mélangez le thon émietté avec le pesto rosso, salez et poivrez.
3. Tartinez la pâte en laissant jusqu'à 2 cm du bord. Parsemez de gruyère. Recouvrez de la seconde pâte en collant bien les bords.
4. Découpez des bandes de 1 cm de large sur deux côtés, puis torsadez-les.
5. Badigeonnez de jaune d'œuf et enfournez pour 20 min.

Tarte sardines,
aubergine et tomates

POUR 4 À 6 PERSONNES
Préparation : 10 min
Cuisson : 25 min

1 pâte feuilletée
1 boîte de sardines à l'huile
1 aubergine
2 tomates
Quelques feuilles de basilic
Huile d'olive

1. Préchauffez le four à 190 °C. Déroulez la pâte feuilletée sur une plaque à pâtisserie.
2. Coupez l'aubergine lavée en lamelles dans la longueur. Mettez-les à griller 5 min dans une poêle à feu vif avec un peu d'huile d'olive en les retournant régulièrement pour éviter qu'elles brûlent. Détaillez les tomates en rondelles.
3. Répartissez les tomates et l'aubergine sur le fond de tarte.
4. Déposez les sardines égouttées en étoile sur le dessus. Enfournez pour 20 min. Parsemez de basilic ciselé à la sortie du four.

Quiche
de fruits de mer aux herbes

POUR 4 À 6 PERSONNES
Préparation : 10 min
Cuisson : 40 min

1 pâte feuilletée
400 g de mélange de fruits de mer
Quelques branches de persil
Quelques branches d'aneth
Quelques branches de cerfeuil
3 œufs
10 cl de crème liquide
20 cl de lait
Sel et poivre

1. Préchauffez le four à 180 °C. Déroulez la pâte feuilletée dans le moule à tarte beurré (ø 25 cm). Enfournez pour 10 min.
2. Lavez et ciselez le persil, l'aneth et le cerfeuil.
3. Fouettez les œufs avec la crème liquide et le lait. Ajoutez les fruits de mer et les herbes ciselées, salez et poivrez.
4. Versez la préparation précédente dans le fond de tarte et enfournez pour 30 min.

Quiche à la courge,
épinards et haddock

POUR 4 À 6 PERSONNES
Préparation : 10 min
Cuisson : 45 min à 1 h

1 pâte brisée
½ courge butternut
2 poignées de pousses d'épinards
200 g de haddock fumé
6 œufs
25 cl de lait
25 cl de crème liquide entière
50 g de pignons de pin
Fleur de sel et poivre

1. Préchauffez le four à 180 °C. Déroulez la pâte brisée dans un moule à tarte.
2. Coupez la courge épluchée et le haddock fumé en dés.
3. Mélangez les œufs, le lait et la crème, salez et poivrez. Ajoutez la courge, le haddock et les pousses d'épinards. Mélangez, puis versez dans le fond de tarte.
4. Parsemez de pignons de pin et enfournez pour 45 min à 1 h.

Tartelettes
aux poireaux, noix de saint-jacques et curry

POUR 4 À 6 PERSONNES
Préparation : 10 min
Cuisson : 30 min

1 pâte brisée
3 poireaux
6 à 8 noix de saint-jacques
1 c. à café de curry
5 échalotes
3 œufs
10 cl de crème liquide
20 cl de lait
Quelques pluches de cerfeuil
Huile neutre

1. Préchauffez le four à 180 °C. Déroulez la pâte brisée sur le plan de travail. Découpez des disques de la taille des moules à tartelettes. Tapissez les moules de papier sulfurisé, puis garnissez-les de pâte.
2. Pelez et émincez les échalotes. Lavez et émincez les poireaux. Lavez et séchez les noix de saint-jacques.
3. Faites chauffer un peu d'huile dans une poêle et mettez-y les poireaux à revenir environ 10 min avec les échalotes.
4. Fouettez les œufs, la crème liquide et le lait. Ajoutez le curry, le cerfeuil ciselé, salez et poivrez.
5. Répartissez les poireaux et les noix de saint-jacques entières dans les moules. Versez la préparation précédente et enfournez pour 30 min.

Tarte fine d'été,
thon, tomates et basilic

POUR 4 À 6 PERSONNES
Préparation : 5 min
Cuisson : 30 min

1 pâte feuilletée
1 boîte de thon
3 tomates en fines rondelles
Quelques feuilles de basilic
1 c. à soupe de moutarde

1. Préchauffez le four à 180 °C. Déroulez la pâte sur une plaque à pâtisserie. Piquez le fond à la fourchette, puis tartinez-le de moutarde.
2. Disposez les rondelles de tomate sur toute la surface de la pâte.
3. Émiettez le thon et répartissez-le sur les tomates. Enfournez pour 30 min. Parsemez de feuilles de basilic ciselées avant de servir.

Tarte soleil

moutarde, cantal, tomates et thym

POUR 4 À 6 PERSONNES
Préparation : 10 min
Cuisson : 25 min

2 pâtes feuilletées
6 c. à soupe de moutarde
200 g de cantal vieux
100 de caviar de tomates séchées
6 brins de thym

1. Préchauffez le four à 190 °C. Déroulez les pâtes feuilletées sur le plan de travail.
2. Garnissez la première pâte de moutarde, de cantal râpé et de thym.
3. Étalez sur la seconde pâte feuilletée le caviar de tomates, puis retournez-la sur la première en pressant légèrement les bords. Transférez sur une plaque à pâtisserie.
4. Placez un verre au centre de la pâte. Coupez la pâte et sa garniture du centre vers l'extérieur, d'abord en 4, puis en 8, en 16 et en 32 afin d'obtenir des bandelettes.
5. Torsadez chaque bandelette, puis enfournez pour 25 min.

Quiche spirale

aux légumes

POUR 4 À 6 PERSONNES
Préparation : 15 min
Cuisson : 30 min

1 pâte feuilletée
3 carottes
2 courgettes
200 g de fromage frais
4 œufs
Sel et poivre

1. Préchauffez le four à 180 °C. Détaillez les carottes et les courgettes à la mandoline (ou, à défaut, à l'Économe) pour obtenir des bandes.
2. Déroulez la pâte feuilletée dans un moule à tarte (ø 25 cm) et piquez le fond.
3. Disposez les légumes en spirale sur la pâte en commençant par l'extérieur. Alternez les carottes et les courgettes pour varier les couleurs.
4. Fouettez le fromage frais et les œufs, salez et poivrez.
5. Versez la préparation précédente sur les légumes, puis enfournez pour 30 min.

Tarte rustique
aux légumes d'été rôtis

POUR 4 À 6 PERSONNES
Préparation : 10 min
Cuisson : 1 h

1 pâte brisée
2 aubergines
1 courgette
2 oignons
3 grosses tomates
1 mozzarella
Thym
Huile d'olive
Sel et poivre

1. Préchauffez le four à 180 °C. Déroulez la pâte brisée sur une plaque à pâtisserie.
2. Lavez et coupez les aubergines, la courgette, les oignons et les tomates en morceaux. Mettez-les dans un plat et arrosez-les d'huile d'olive. Parsemez de thym, salez et poivrez. Enfournez pour 30 min.
3. Détaillez la mozzarella en tranches.
4. Garnissez la pâte avec les légumes rôtis, répartissez la mozzarella et rabattez la pâte sur les côtés pour obtenir une croûte épaisse.
5. Enfournez pour 30 min.

Quiche
comme un soufflé au fromage

POUR 4 À 6 PERSONNES
Préparation : 10 min
Cuisson : 30 min

1 pâte brisée
150 g d'emmental râpé
3 œufs
10 cl de crème liquide
20 cl de lait
1 pincée de muscade
Sel et poivre

1. Préchauffez le four à 180 °C. Déroulez la pâte brisée dans un moule à tarte (ø 25 cm).
2. Fouettez les œufs, la crème liquide, le lait et l'emmental râpé, salez légèrement et poivrez, puis ajoutez une pincée de muscade.
3. Versez la préparation précédente dans le fond de tarte et enfournez pour 30 min.

Quiche
aux petits pois et au chèvre

POUR 4 À 6 PERSONNES
Préparation : 15 min
Cuisson : 30 min

1 pâte feuilletée
250 g de petits pois surgelés
200 g de chèvre frais
4 œufs
Quelques feuilles de menthe
Sel et poivre

1. Préchauffez le four à 180 °C. Faites cuire les petits pois 5 min à l'eau bouillante salée, puis égouttez-les.
2. Déroulez la pâte feuilletée dans un moule à tarte (Ø 25 cm), puis piquez le fond à la fourchette. Versez les petits pois sur la pâte.
3. Fouettez 150 g de chèvre frais émietté avec les œufs, salez et poivrez. Versez la préparation précédente sur le fond de tarte, puis enfournez pour 25 min.
4. Au moment de servir, parsemez du reste de chèvre frais et de feuilles de menthe ciselées.

Tourte épinards, ricotta, œufs durs et pignons de pin

POUR 4 À 6 PERSONNES
Préparation : 10 min
Cuisson : 40 min

2 pâtes feuilletées
1 kg d'épinards
250 g de ricotta
6 œufs durs
30 g de pignons de pin
1 jaune d'œuf
Sel et poivre

1. Préchauffez le four à 180 °C. Déroulez une pâte feuilletée dans un moule à manqué (ø 25 cm).
2. Lavez les épinards, puis hachez-les grossièrement. Faites-les cuire 10 min dans un grand volume d'eau bouillante salée, puis égouttez-les.
3. Écalez les œufs durs. Écrasez la ricotta et mélangez-la aux épinards cuits. Ajoutez les pignons de pin et poivrez.
4. Répartissez cette préparation sur la pâte feuilletée, puis enfoncez-y les œufs durs à intervalles réguliers.
5. Recouvrez le tout de la seconde pâte feuilletée et soudez les bords.
6. Formez une cheminée au centre, puis dorez au jaune d'œuf avec un pinceau et enfournez pour 30 min.

Quiche sans pâte, pommes de terre et gorgonzola

POUR 4 À 6 PERSONNES
Préparation : 30 min
Cuisson : 30 min

200 g de pommes de terre
100 g de gorgonzola
3 œufs
2 c. à soupe bombées de farine
+ un peu pour le moule
25 l de lait
10 cl de crème liquide
30 g de noisettes
20 g de beurre pour le moule
Sel et poivre

1. Préchauffez le four à 180 °C.
2. Pelez et lavez les pommes de terre, puis coupez-les en fines rondelles à la mandoline.
3. Détaillez le gorgonzola en petits dés.
4. Fouettez les œufs à la fourchette avec la farine jusqu'à obtenir une consistance lisse. Incorporez progressivement le lait. Versez la crème liquide, salez et poivrez, puis mélangez de nouveau. Ajoutez les pommes de terre et le gorgonzola.
5. Beurrez et farinez un moule à manqué (ø 20-22 cm). Versez-y la pâte et parsemez de noisettes concassées. Enfournez pour 30 min.

Tarte rustique
au chou rouge, chèvre et pomme

POUR 4 À 6 PERSONNES
Préparation : 15 min
Cuisson : 45 à 50 min

1 pâte brisée
500 g de chou rouge
100 g de chèvre frais
1 pomme
1 oignon rouge
4 noix concassées
1 filet d'huile d'olive
Sel et poivre

1. Préchauffez le four à 180 °C. Déroulez la pâte brisée sur une plaque à pâtisserie.
2. Pelez et émincez l'oignon rouge, puis faites-le revenir 5 min dans l'huile. Ajoutez le chou et poursuivez la cuisson 15 min à feu doux. Salez, poivrez et réservez.
3. Tartinez le fond de tarte de chèvre frais jusqu'à 3 cm du bord. Pelez et détaillez la pomme en petits dés.
4. Répartissez le chou rouge, la pomme et les noix. Repliez les bords de la pâte vers l'intérieur. Enfournez pour 25 à 30 min.

Quiche feta,
tomates confites et olives noires

POUR 4 À 6 PERSONNES
Préparation : 10 min
Cuisson : 30 min

1 pâte brisée
200 g de feta
200 g de tomates confites
40 g d'olives noires
30 cl de fromage ou de yaourt brassé de brebis
3 œufs
Une pincée d'origan
Sel et poivre

1. Préchauffez le four à 200 °C. Déroulez la pâte brisée dans un moule à tarte (ø 25 cm). Recouvrez-la de papier sulfurisé et de poids, puis enfournez-la à blanc pour 6 ou 7 min sans qu'elle colore. Sortez le fond de tarte du four, retirez les poids et le papier sulfurisé.
2. Pendant ce temps, fouettez le fromage blanc ou le yaourt avec les œufs. Détaillez les tomates confites en lamelles pas trop fines, puis mélangez-les avec la feta, salez, poivrez.
3. Baissez la température du four à 180 °C. Versez la préparation précédente dans le fond de tarte précuit.
4. Répartissez les olives noires et l'origan, puis enfournez pour 25 min environ.

Quiche épaisse
de printemps

POUR 4 À 6 PERSONNES
Préparation : 30 min
Cuisson : 40 min

1 pâte brisée
200 g de petits pois
100 g de pois gourmands
100 g de pousses d'épinards
4 œufs
20 cl de crème végétale
Sel et poivre

1. Préchauffez le four à 180 °C. Déroulez la pâte brisée dans un moule à tarte (ø 20 cm) et ne coupez pas le surplus de pâte.
2. Faites cuire les petits pois 5 min dans une grande casserole d'eau bouillante salée. Ajoutez les pois gourmands et les pousses d'épinards. Poursuivez la cuisson 5 min, puis égouttez et passez sous l'eau glacée.
3. Fouettez les œufs avec la crème végétale, salez et poivrez.
4. Versez la préparation précédente dans le fond de tarte, puis ajoutez les légumes. Repliez le surplus de pâte vers l'intérieur pour faire une croûte épaisse.
5. Enfournez pour 30 min, jusqu'à ce que le centre de la quiche soit pris.

Tarte aux tomates
cerises confites et pesto

POUR 4 À 6 PERSONNES
Préparation : 10 min
Cuisson : 30 min

1 pâte brisée
600 g de tomates cerises
200 g de pesto
1 pincée de sucre
Vinaigre balsamique
20 g de pignons de pin
Quelques feuilles de basilic

1. Préchauffez le four à 170 °C. Déroulez la pâte brisée sur une plaque à pâtisserie, puis piquez-la et enfournez-la pour 25 à 30 min à blanc, jusqu'à ce qu'elle soit cuite.
2. Pendant ce temps, disposez les tomates cerises entières dans un moule à manqué (ø 25 cm), puis saupoudrez-les légèrement de sucre. Arrosez-les de vinaigre balsamique et enfournez pour 20 min.
3. Tartinez le fond de tarte cuit du pesto. Disposez dessus les tomates confites, quelques pignons de pin, un trait de vinaigre balsamique et décorez de feuilles de basilic.

Tarte asperges
parmesan et orange

POUR 4 À 6 PERSONNES
Préparation : 10 min
Cuisson : 30 min

1 pâte brisée
1 petite botte d'asperges
150 g de parmesan
1 orange non traitée
3 œufs
10 cl de crème liquide
20 cl de lait
Sel et poivre

1. Préchauffez le four à 200 °C. Déroulez la pâte brisée dans un moule à tarte (ø 25 cm).
2. Prélevez le zeste d'orange. Râpez le parmesan. Préparez les asperges.
3. Fouettez les œufs avec la crème liquide et le lait, puis ajoutez le parmesan et le zeste d'orange, salez et poivrez.
4. Répartissez les asperges sur le fond de tarte. Versez la préparation précédente et enfournez pour 30 min.

Tartelettes
aux noix de pécan et au sirop d'érable

POUR 4 À 6 PERSONNES
Préparation : 10 min
Cuisson : 35 min

1 pâte brisée
100 g de noix de pécan
8 cl de sirop d'érable + un peu pour la finition
3 œufs
1 c. à soupe de farine
80 g de sucre roux

1. Préchauffez le four à 180 °C. Déroulez la pâte brisée sur un plan de travail. Découpez des disques de la taille de vos moules à tartelettes. Beurrez les moules et garnissez-les de pâte. Piquez le fond à la fourchette, puis enfournez-les 5 min à blanc.
2. Fouettez les œufs avec le sirop d'érable, la farine et le sucre roux. Versez cette préparation dans les fonds de tartelettes précuits.
3. Parsemez de noix de pécan et badigeonnez de sirop d'érable à l'aide d'un pinceau. Enfournez pour 30 min.

Tarte soleil
à la pâte à tartiner

POUR 4 À 6 PERSONNES
Préparation : 15 min
Cuisson : 20 min

2 pâtes feuilletées
3 c. à soupe de pâte à tartiner au chocolat
30 g de noisettes concassées
1 jaune d'œuf

1. Préchauffez le four à 190 °C. Déroulez les pâtes feuilletées côte à côte sur une plaque à pâtisserie.
2. Étalez la pâte à tartiner sur l'une des pâtes jusqu'à 2 cm du bord.
3. Recouvrez avec la seconde pâte en pressant légèrement les bords. Badigeonnez de jaune d'œuf battu avec un peu d'eau. Transférez sur une plaque à pâtisserie.
4. Placez un verre à l'envers au centre de la pâte. Coupez la pâte et sa garniture du centre vers l'extérieur, d'abord en 4, puis chaque part en 2 et ensuite en 3 pour obtenir 24 bandelettes. Piquez chaque extrémité de bande à la fourchette.
5. Torsadez chaque bandelette.
6. Parsemez de noisettes concassées, puis enfournez pour 20 min.

Tarte soleil

abricot, pistaches et romarin

POUR 4 À 6 PERSONNES
Préparation : 10 min
Cuisson : 30 min

2 pâtes feuilletées
2 c. à soupe de confiture d'abricots
40 g de pistaches
Quelques branches de romarin
1 jaune d'œuf

1. Préchauffez le four à 180 °C. Déroulez la première pâte feuilletée sur une plaque à pâtisserie. Tartinez-la de confiture d'abricots jusqu'à 2 cm du bord.
2. Recouvrez de la seconde pâte feuilletée en soudant bien les bords. Badigeonnez de jaune d'œuf dilué dans un peu d'eau.
3. Placez un verre à l'envers au centre de la pâte. Coupez la pâte garnie du centre vers l'extérieur, d'abord en 4, puis chaque part en 2 et ensuite en 3 pour obtenir 24 bandelettes. Faites des empreintes à la fourchette à l'extrémité de chaque bandelette.
4. Torsadez chaque bandelette, puis enfournez pour 30 min. Parsemez de romarin effeuillé et de pistaches concassées.

Tarte multifruits

POUR 4 À 6 PERSONNES
Préparation : 20 min
Réfrigération : 20 min
Cuisson : 20 min

125 g de framboises
125 g de myrtilles
125 g de groseilles
2 sachets de sucre vanillé
25 cl de crème liquide bien froide

Pour la pâte :
1 œuf
200 g de farine
60 g de sucre
125 g de beurre mou + 20 g pour le moule
1 pincée de sel

1. Préparez la pâte. Séparez le jaune du blanc d'œuf. Mélangez la farine et le sucre, puis ajoutez le jaune d'œuf. Séparément, montez le blanc d'œuf en neige avec une pincée de sel. Incorporez-le rapidement à la préparation précédente et formez une boule de pâte. Réservez-la 20 min au réfrigérateur.
2. Préchauffez le four à 180 °C. Beurrez un moule à tarte rectangulaire. Étalez la pâte du bout des doigts dans le moule et faites-la bien remonter sur les bords. Piquez le fond de tarte et recouvrez-le de papier sulfurisé et de poids, puis enfournez-la à blanc pour 20 min. Sortez ensuite le fond de tarte du four, retirez les poids et le papier sulfurisé et laissez refroidir.
3. Pendant ce temps, fouettez la crème liquide avec le sucre vanillé jusqu'à ce qu'elle soit bien ferme.
4. Garnissez le fond de tarte de cette crème, puis disposez les fruits lavés et égouttés dans la longueur, alignés côte à côte.

Cakes et terrines

Cake
aux poivrons, chorizo et paprika fumé

POUR 6 PERSONNES
Préparation : 20 min
Cuisson : 50 min

¼ de poivron rouge
¼ de poivron vert
¼ de poivron jaune
½ chorizo
1 pincée de paprika fumé
20 g de beurre pour le moule
190 g de farine + 20 g pour le moule
3 œufs
3 c. à soupe de lait entier
125 g de yaourt
70 g de chèvre sec
½ sachet de levure chimique
Sel

1. Préchauffez le four à 160 °C. Beurrez et farinez un moule à cake (20 x 10 cm).
2. Fouettez les œufs avec le lait, le yaourt, le chèvre râpé et le paprika.
4. Détaillez le chorizo en cubes et les poivrons en lanières, puis ajoutez-les au mélange précédent.
5. Tamisez la farine avec la levure et du sel, puis ajoutez-les à la préparation précédente.
6. Versez la pâte dans le moule. Enfournez pour 50 min. Laissez refroidir avant de déguster.

Cake aux figues
et au jambon de Parme

POUR 6 PERSONNES
Préparation : 20 min
Cuisson : 40 min

125 g de jambon de Parme
150 g de figues séchées
20 g de beurre pour le moule
180 g de farine + 20 g pour le moule
3 œufs
10 cl d'huile d'olive
12 cl de lait
½ de sachet de levure chimique
80 g de parmesan râpé
Sel et poivre

1. Préchauffez le four à 180 °C. Beurrez et farinez un moule à cake (24 cm de long).
2. Émincez les figues et le jambon de Parme. Séparez les blancs des jaunes d'œufs.
3. Fouettez les jaunes d'œufs avec l'huile d'olive et le lait. Ajoutez la farine, la levure, le parmesan, les figues, le jambon de Parme, salez, poivrez et mélangez.
4. Montez les blancs d'œufs en neige avec 1 pincée de sel, puis incorporez-les délicatement au mélange précédent.
5. Versez la préparation dans le moule et enfournez pour 40 min. Laissez refroidir avant de déguster.

Cake au poulet,
curry et coriandre

POUR 6 PERSONNES
Préparation : 15 min
Cuisson : 40 min

1 blanc de poulet
1 c. à soupe de curry
½ botte de coriandre
3 œufs
180 g de farine + 20 g pour le moule
1 sachet de levure chimique
10 cl de lait de coco
20 g de beurre pour le moule
Huile d'olive

1. Préchauffez le four à 180 °C. Beurrez et farinez un moule à cake (24 cm de long).
2. Fouettez les œufs avec la farine et la levure.
3. Coupez le blanc de poulet en lamelles. Faites-les revenir dans une poêle avec un filet d'huile d'olive, puis ajoutez le lait de coco et le curry.
4. Incorporez le tout au mélange précédent avec la coriandre ciselée. Versez la préparation dans le moule et enfournez pour 40 min. Laissez refroidir avant de déguster.

Terrine
de jambonneau

POUR 6 PERSONNES
Préparation : 20 min
Réfrigération : 12 h

3 jambonneaux demi-sel cuits
2 petits piments
1 bouquet de persil
1 bouquet d'estragon
2 c. à soupe de câpres
6 feuilles de gélatine
40 cl de bouillon de poulet
Sel et poivre

1. Tapissez une terrine ou un moule à cake (20 x 10 cm) de papier sulfurisé.
2. Désossez les jambonneaux ; vous devez obtenir environ 600 g de viande. Détaillez les jambonneaux en morceaux. Épépinez et émincez les piments. Ciselez le persil et l'estragon.
3. Mélangez les morceaux de jambonneau avec les piments, les herbes et les câpres, salez et poivrez. Versez la préparation dans la terrine ou le moule et tassez un peu.
4. Mettez la gélatine à tremper 10 min dans de l'eau froide. Faites chauffer le bouillon.
5. Mélangez la gélatine essorée au bouillon et versez dans la terrine. Laissez refroidir, plus placez au moins une nuit au réfrigérateur.
6. Démoulez la terrine sur un plat et dégustez-la avec des cornichons, des câpres ou de la salade.

Terrine
comme un polpettone

POUR 6 PERSONNES
Préparation : 20 min
Cuisson : 50 min

25 tranches de pancetta
500 g de bœuf haché
100 g de chair à saucisse
100 g de pain rassis
10 cl de bière
2 jaunes d'œufs
80 g de parmesan râpé
1 gousse d'ail
4 feuilles de sauge
Huile d'olive
Sel et poivre

1. Préchauffez le four à 160 °C. Tapissez une plaque à pâtisserie de papier sulfurisé.
2. Mettez le pain rassis à tremper dans la bière pendant 10 min.
3. Mélangez le bœuf avec la chair à saucisse, puis ajoutez le pain essoré, salez et poivrez. Incorporez les jaunes d'œufs, le parmesan, l'ail écrasé et les feuilles de sauge ciselées.
4. Formez un boudin de 25 cm de long et recouvrez-le de tranches de pancetta. Huilez le polpettone au pinceau.
5. Entourez le polpettone de papier sulfurisé et enfournez pour 20 min.
6. Augmentez la température du four à 190 °C, retirez le papier sulfurisé et poursuivez la cuisson 30 min. Laissez refroidir avant de déguster.

Cake à la courgette
et au jambon

POUR 6 PERSONNES
Préparation : 15 min
Cuisson : 45 min

1 courgette
100 g de jambon
20 g de beurre pour le moule
150 g de farine + 20 g pour le moule
1 sachet de levure chimique
3 œufs
4 c. à soupe d'huile d'olive
4 c. à soupe de lait
80 g d'emmental ou de parmesan râpé
Sel et poivre

1. Préchauffez le four à 180 °C. Beurrez et farinez un moule à cake (22-24 cm de long).
2. Lavez et râpez la courgette. Mélangez la farine et la levure. Faites un puits au centre, puis incorporez les œufs, l'huile, le lait, la courgette et le fromage, salez et poivrez. Ajoutez ensuite le jambon coupé en dés.
3. Versez la pâte dans le moule et enfournez pour 40 à 45 min. Servez tiède ou froid.

Cake à la patate
douce, épices et poulet

POUR 6 PERSONNES
Préparation : 15 min
Cuisson : 1 h 30

1 grosse patate douce
1 c. à café de cannelle
1 c. à café de cumin moulu
1 c. à café de coriandre
150 g de blanc de poulet
20 g de beurre pour le moule
160 g de farine + 20 g pour le moule
3 œufs
10 cl de lait
125 g de yaourt
80 g de parmesan râpé
Quelques brins de coriandre
Sel

1. Préchauffez le four à 200 °C. Beurrez et farinez un moule à cake (24 x 10 cm).
2. Lavez et coupez la patate douce en deux, puis salez-la, huilez-la et enfournez-la sur une plaque de cuisson pour 40 min.
3. Réduisez la température du four à 160 °C.
4. Laissez tiédir les demi-patates, puis prélevez leur chair et mélangez-la avec les œufs, le lait, le yaourt et le parmesan.
5. Séparément, tamisez la farine avec les épices et du sel, puis ajoutez-les à la préparation précédente.
6. Ciselez grossièrement les brins de coriandre. Détaillez le blanc de poulet en cubes, puis ajoutez-les à la pâte. Versez la pâte dans le moule et enfournez pour 50 min. Laissez refroidir avant de déguster.

Terrine de lapin
aux figues

POUR 6 PERSONNES
Préparation : 15 min
Cuisson : 1 h 30

2 râbles de lapin
10 figues séchées
600 g de gorge de porc
1 pincée de muscade
1 c. à café de piment d'Espelette
1 échalote
2 jaunes d'œufs
2 ou 3 brins de thym
20 cm de barde
2 feuilles de laurier
Sel et poivre

1. Préchauffez le four à 180 °C. Utilisez une terrine en terre (25 cm de long) avec un couvercle.
2. Mixez la gorge de porc en procédant par à-coups pour garder un peu de texture. Ajoutez ensuite la muscade, le piment d'Espelette, l'échalote pelée et émincée, les jaunes d'œufs et le thym effeuillé, puis salez et poivrez.
3. Mettez la moitié de la farce dans la terrine et tassez.
4. Désossez les râbles de lapin. Placez-les au centre de la terrine, puis répartissez les figues entières. Recouvrez avec le reste de farce et tassez bien à nouveau.
5. Posez les feuilles de laurier sur le dessus, puis recouvrez la terrine de barde et incisez-la.
6. Couvrez la terrine et placez-la dans un bain-marie. Enfournez pour 1 h 30.
7. Laissez la terrine refroidir. Avant de la découper en tranches, retirez la barde (et remettez-la en place pour conserver un reste de terrine).

Astuce : pour gagner du temps, demandez à votre boucher de hacher la gorge de porc et de désosser les râbles de lapin.

Pain de poisson
brioché

POUR 6 PERSONNES
Préparation : 15 min
Cuisson : 40 min

250 g de saumon au naturel
4 tranches de pain brioché
20 g de beurre pour le moule
20 g de farine pour le moule
20 cl de lait
5 œufs
Ciboulette
Baies roses
Sauce tomate pour le service
Sel et poivre

1. Préchauffez le four à 150 °C. Beurrez et farinez un moule à cake.
2. Émiettez le pain brioché dans le lait. Ajoutez les œufs battus et le saumon, salez et poivrez.
3. Versez la préparation dans le moule et enfournez pour 40 min.
4. Servez le pain tiède ou froid, parsemé de ciboulette ciselée et de baies roses, et accompagnez d'une sauce tomate.

Cake au cabillaud
et au chorizo

POUR 6 PERSONNES
Préparation : 25 min
Cuisson : 40 min

150 g de cabillaud
½ chorizo
80 g de beurre salé mou + 20 g pour le moule
180 g de farine + 20 g pour le moule
3 œufs
4 c. à soupe de lait
1 sachet de levure chimique
1 c. à café de piment d'Espelette
Quelques brins de thym
Sel et poivre

1. Préchauffez le four à 180 °C. Beurrez et farinez un moule à cake (24 cm de long).
2. Séparez les blancs des jaunes d'œufs. Coupez le cabillaud et le chorizo en dés.
3. Mélangez les jaunes d'œufs avec le lait, le beurre, la farine, la levure, le piment, le cabillaud et le chorizo. Effeuillez le thym, salez et poivrez.
4. Montez les blancs d'œufs en neige avec 1 pincée de sel. Incorporez-les délicatement au mélange précédent.
5. Versez la préparation dans le moule et enfournez pour 40 min. Laissez refroidir avant de déguster.

Terrine
deux saumons-maquereau

POUR 6 PERSONNES
Préparation : 15 min
Cuisson : 50 min

3 tranches de saumon fumé
1 pavé de saumon
1 filet de maquereau fumé au poivre
6 œufs
25 cl de crème liquide
1 pincée de paprika
Quelques gouttes de Tabasco®
Quelques branches d'aneth
Quelques branches de cerfeuil
Sel et poivre

1. Préchauffez le four à 180 °C. Chemisez un moule à cake (24 cm de long) de papier sulfurisé.
2. Fouettez les œufs avec la crème, le paprika et le Tabasco®.
3. Émiettez le maquereau fumé et émincez le saumon fumé. Détaillez le pavé de saumon en cubes. Ciselez l'aneth et le cerfeuil. Ajoutez les poissons et les herbes à la préparation précédente.
4. Versez dans le moule et placez-le au bain-marie. Enfournez pour 50 min.
5. Laissez la terrine refroidir, puis démoulez-la sur un plat.

Cake à la sardine
et aux piquillos

POUR 6 PERSONNES
Préparation : 20 min
Cuisson : 40 min

2 boîtes de sardines à l'huile
5 piquillos en bocal
1 c. à soupe d'algues en paillettes
+ un peu pour le décor
20 g de beurre pour le moule
200 g de farine + 20 g pour le moule
½ citron jaune non traité
1 pincée sel
1 sachet de levure chimique
4 œufs
20 cl de lait
5 c. à soupe d'huile d'olive

1. Préchauffez le four à 210 °C. Beurrez et farinez un moule à cake.
2. Égouttez les sardines, ôtez l'arête centrale et coupez grossièrement la chair. Prélevez les zestes du citron. Détaillez 4 piquillos en dés.
3. Mélangez la farine avec le sel et la levure. Faites un puits au centre, cassez-y les œufs et fouettez vigoureusement pour éviter les grumeaux. Délayez progressivement avec le lait et l'huile pour obtenir une pâte homogène.
4. Ajoutez les sardines, les piquillos, les algues et les zestes de citron.
5. Versez la pâte dans le moule, répartissez les lanières du dernier piquillo et parsemez d'algues. Enfournez pour 40 min. Laissez refroidir avant de déguster.

Cake de polenta
aux anchois, courgette et feta

POUR 6 À 8 PERSONNES
Préparation : 15 min
Cuisson : 40 à 50 min

150 g de polenta instantanée
20 g d'anchois
1 courgette
180 g de feta
20 g de beurre pour le moule
20 g de farine pour le moule
3 œufs
15 cl d'huile d'olive
15 cl de yaourt grec
50 g de fécule de maïs
1 sachet de levure chimique
50 g de parmesan râpé
50 g de graines de courge + 20 g pour le décor
Poivre

1. Préchauffez le four à 180 °C. Beurrez et farinez un moule à cake (24 cm de long).
2. Égouttez et hachez les anchois. Coupez la feta et la courgette en petits dés.
3. Fouettez les œufs avec l'huile d'olive et le yaourt. Ajoutez la polenta, la fécule de maïs, la levure, le parmesan et mélangez.
4. Incorporez les anchois, la feta, la courgette et les graines de courge, puis mélangez. Poivrez et versez dans le moule.
5. Enfournez pour 40 à 50 min ou jusqu'à ce que la lame d'un couteau insérée au cœur du cake ressorte sèche. Retirez du four, démoulez et servez encore chaud ou froid, en répartissant les graines de courge dessus pour décorer.

Cake au saumon
et à l'aneth

POUR 6 PERSONNES
Préparation : 20 min
Cuisson : 35 min

200 g de saumon frais
$^1/_3$ de botte d'aneth
20 g de beurre pour le moule
180 g de farine + 20 g pour le moule
1 sachet de levure chimique
1 yaourt nature
3 œufs
4 c. à soupe d'huile d'olive
2 c. à soupe de baies roses
Sel et poivre

1. Préchauffez le four à 180 °C. Beurrez et farinez un moule à cake (24 cm de long).
2. Fouettez la farine avec la levure, le yaourt, l'huile et les baies roses.
3. Coupez le saumon en dés. Ciselez l'aneth. Ajoutez le saumon et l'aneth au mélange précédent, salez et poivrez.
4. Fouettez les œufs 10 min au batteur électrique. Incorporez-les délicatement à la pâte. Versez dans le moule et enfournez pour 35 min. Laissez refroidir avant de déguster, décoré de pluches d'aneth et de baies roses.

Terrine
de légumes racines aux épices

POUR 6 PERSONNES
Préparation : 15 min
Réfrigération : 4 h au moins

6 carottes
6 panais
60 g de beurre + 20 g pour le moule
6 feuilles de gélatine
1 c. à café de cumin moulu
20 cl de crème liquide
100 g de parmesan râpé
1 c. à café de 4-épices
Quelques brins de persil ou de coriandre

1. Beurrez un moule à cake (15 x 10 cm). Faites fondre le reste de beurre.
2. Pelez et coupez en morceaux les carottes et les panais. Faites-les cuire dans un grand volume d'eau salée.
3. Mettez la gélatine à tremper dans 2 bols d'eau froide (3 feuilles dans chaque bol).
4. Mixez les carottes et les panais séparément pour obtenir 400 g de purée de chaque légume.
5. Mélangez la purée de carottes avec le cumin, la moitié de la crème, la moitié de beurre fondu et la moitié de parmesan.
6. Mélangez la purée de panais avec le 4-épices, le reste de crème, le reste de beurre fondu et le reste de parmesan.
7. Faites chauffer les deux purées, séparément, à feu doux. Incorporez dans chacune d'elles la gélatine essorée. Versez la préparation à la carotte dans le moule, puis recouvrez avec la préparation au panais. Placez 4 h au moins au réfrigérateur.
8. Démoulez la terrine sur un plat et servez décoré de persil ou de la coriandre ciselée.

Conseil : vous pouvez préparer cette terrine en utilisant des purées de carottes et de céleri (à la place du panais) surgelées, à faire décongeler au préalable.

Cake aux tomates
séchées, feta et olives

POUR 6 PERSONNES
Préparation : 15 min
Cuisson : 40 min

100 g de tomates séchées
150 g de feta
90 g d'olives noires dénoyautées
20 g de beurre pour le moule
100 g de farine + 20 g pour le moule
3 œufs
10 cl de lait
3 c. à soupe d'huile d'olive
1 sachet de levure chimique
Sel et poivre

1. Préchauffez le four à 180 °C. Beurrez et farinez un moule à cake.
2. Fouettez les œufs, puis incorporez la farine et délayez avec le lait. Ajoutez l'huile, 1 pincée de sel et la levure. Poivrez et mélangez.
3. Ajoutez la feta grossièrement émiettée, les tomates séchées détaillées en lanières et les olives coupées en rondelles.
4. Versez la pâte dans le moule et enfournez pour 40 min. Laissez refroidir avant de déguster.

Pain de maïs
aux graines

POUR 6 PERSONNES
Préparation : 10 min
Cuisson : 20 min

150 g de semoule de maïs
75 g de mélange de graines
125 g de beurre + 20 g pour le moule
150 g de farine + 20 g pour le moule
1 sachet de levure chimique
125 g de fromage râpé (cheddar, parmesan...)
½ c. à café de sel
1 pincée de piment fort
3 œufs
25 cl de lait entier

1. Préchauffez le four à 180 °C. Beurrez et farinez le moule à cake (24 cm de long).
2. Faites fondre le reste de beurre. Mélangez la farine avec la semoule de maïs, le mélange de graines, la levure, le fromage râpé, le sel et le piment.
3. Fouettez les œufs avec le lait, puis ajoutez le beurre fondu. Versez la préparation sur les ingrédients secs, puis remuez avec la lame d'un couteau ou une baguette chinoise, sans trop travailler la pâte, pour éviter qu'elle devienne compacte à la cuisson.
4. Versez la pâte dans le moule et enfournez pour 20 min. Laissez refroidir.

Terrine aux légumes du soleil à la feta

POUR 6 PERSONNES
Préparation : 15 min
Cuisson : 20 min
Réfrigération : 4 h au moins

2 aubergines de taille moyenne
2 gros poivrons
600 g de feta
1 citron non traité
6 c. à soupe de yaourt grec
Quelques feuilles de basilic
1 pincée d'origan
Huile d'olive
Sel et poivre

1. Préchauffez le four à 180 °C. Tapissez une terrine (29 x 10 cm) de papier sulfurisé.
2. Coupez les aubergines en tranches dans le sens de la longueur. Coupez les poivrons en deux et épépinez-les.
3. Placez les aubergines et les poivrons huilés sur une plaque, salez, poivrez et enfournez pour 20 min.
4. Prélevez les zestes du citron. Mixez la feta avec le yaourt, puis assaisonnez avec le zeste de citron, salez et poivrez.
5. Mettez une couche de légumes au fond de la terrine, puis recouvrez d'une couche de crème de feta et des feuilles de basilic. Parsemez d'origan et terminez avec une couche de légumes. Réservez au réfrigérateur au moins 4 h.
6. Démoulez la terrine sur un plat et dégustez.

Terrine
poireau-chèvre

POUR 6 PERSONNES
Préparation : 15 min
Réfrigération : 4 h au moins

6 gros blancs de poireaux
400 g de fromage de chèvre frais
2 grosses échalotes
1 brin de thym
20 g de beurre
40 g de noisettes + pour le décor
3 c. à soupe de crème liquide (facultatif)
1 pincée de piment d'Espelette
Quelques brins de cerfeuil
Sel et poivre

1. Tapissez le fond d'un moule à cake (23 x 10 cm) de papier sulfurisé.
2. Lavez et préparez les poireaux, puis faites-les cuire 10 min à la vapeur jusqu'à ce qu'ils soient bien tendres. Égouttez-les soigneusement.
3. Pelez et émincez les échalotes, puis mettez-les à revenir dans une petite poêle avec le thym effeuillé dans le beurre.
4. Concassez les noisettes, puis mélangez-les avec le fromage et les échalotes. Si la préparation est un peu compacte, délayez-la avec la crème liquide. Salez, poivrez et ajoutez le piment d'Espelette.
5. Incisez 2 poireaux à l'aide d'un couteau pointu sans le trancher complètement. Dépliez les feuilles et tapissez-en le fond du moule. Recouvrez-les d'une couche de préparation au fromage. Posez les poireaux entiers dessus et recouvrez-les du reste de préparation.
6. Couvrez le moule de film alimentaire et réservez au moins 4 h au réfrigérateur.
7. Démoulez la terrine, décorez de noisettes concassées et de cerfeuil.

Terrine de betterave, chèvre et noix

POUR 6 PERSONNES
Préparation : 15 min
Réfrigération : 4 h au moins

6 betteraves cuites
100 g de fromage de chèvre frais
40 g de noix + pour le décor
200 g de fromage à tartiner
1 c. à soupe de crème de raifort
½ orange non traitée
1 c. à soupe d'huile de noix
Quelques brins de persil
Sel et poivre

1. Tapissez une terrine (15 x 10 cm) de film alimentaire.
2. Détaillez les betteraves en fines tranches à la mandoline ou avec un couteau bien tranchant.
3. Mélangez le fromage de chèvre avec le fromage à tartiner, la crème de raifort, le zeste râpé de la demi-orange, les noix concassées et l'huile de noix, puis salez et poivrez généreusement.
4. Faites des couches au fond de la terrine en commençant par les tranches de betterave, puis alternez avec la farce au fromage et en terminant avec la betterave. Réservez au moins 4 h au réfrigérateur.
5. Démoulez la terrine sur un plat et décorez-la de noix et de feuilles de persil.

Terrine de cresson aux œufs durs

POUR 6 PERSONNES
Préparation : 10 min
Cuisson : 10 min
Réfrigération : 4 h au moins

1 botte de cresson
4 gros œufs
200 g de pousses d'épinards
6 feuilles de gélatine
50 cl de crème liquide
1 citron non traité
Sel et poivre

1. Faites durcir les œufs 10 min dans de l'eau bouillante. Plongez-les dans de l'eau froide pour les refroidir, puis écalez-les. Tapissez une terrine (20 x 10 cm) de papier sulfurisé. Mettez la gélatine à tremper dans un bol d'eau froide.
2. Lavez et essorez le cresson et les épinards. Mixez-les avec la crème liquide. Ajoutez le zeste du citron râpé, salez et poivrez
3. Transvasez la crème cresson-épinards dans une casserole et faites-la chauffer 4 min à feu doux. Incorporez-y la gélatine essorée en remuant.
4. Versez la crème dans la terrine. Enfoncez les œufs dans la crème et laissez prendre au moins 4 h au réfrigérateur.
5. Démoulez la terrine, décorez-la de pousses d'épinards et servez avec du jus de citron.

Cake
au poivron, brie et basilic

POUR 6 À 8 PERSONNES
Préparation : 20 min
Cuisson : 40 min

1 poivron rouge
150 g de brie
6 brins de basilic
200 g de mélange de farines sans gluten
1 sachet de poudre à lever sans gluten
4 œufs
20 cl de lait de soja (ou autre lait végétal)
5 c. à soupe d'huile d'olive
1 c. à soupe d'origan séché
Sel et poivre

1. Préchauffez le four à 210 °C. Tapissez un moule à cake (25 cm de long) de papier sulfurisé.
2. Pelez le poivron et coupez-le en petits dés. Détaillez le brie en morceaux.
3. Mélangez la farine avec 1 pincée de sel et la poudre à lever. Cassez-y les œufs, fouettez pour éliminer les grumeaux. Versez progressivement le lait de soja et l'huile d'olive, puis mélangez pour obtenir une pâte homogène.
4. Ajoutez les dés de poivron, le brie, le basilic haché et l'origan. Salez, poivrez et mélangez.
5. Versez la pâte dans le moule et enfournez pour 40 min.

Cake au brocoli
et au curry

POUR 6 PERSONNES
Préparation : 10 min
Cuisson : 50 min

1 petite tête de brocoli
1 c. à soupe de curry doux
20 g de beurre pour le moule
180 g de farine + 20 g pour le moule
3 œufs
10 cl de lait de coco
3 c. à soupe d'huile d'olive
120 g de comté râpé
½ sachet de levure chimique
Sel

1. Préchauffez à 160 °C. Beurrez et farinez un moule à cake (20 x 10 cm).
2. Fouettez les œufs avec le lait de coco, l'huile d'olive, le comté et du sel.
3. Séparément, tamisez la farine avec la levure et le curry, puis ajoutez-les à la préparation précédente. Versez la pâte dans le moule.
4. Séparez la tête de brocoli en fleurettes et mettez-en 6 dans le moule, puis enfournez pour 50 min. Laissez le cake refroidir et dégustez-le accompagné, par exemple, d'une sauce au yaourt de brebis et au curry.

Cake
à la farine de pois chiche, feta et cumin

POUR 6 PERSONNES
Préparation : 10 min
Cuisson : 50 min

80 g de farine de pois chiche
200 g de feta
1 c. à café de cumin
110 g de farine de blé + 20 g pour le moule
20 g de beurre pour le moule
3 œufs
125 g de yaourt
50 cl de lait
½ sachet de levure chimique
Quelques brins de persil
Quelques brins de menthe
Sel

1. Préchauffez le four à 160 °C. Beurrez et farinez un moule à cake (24 cm de long). Coupez la feta en cubes.
2. Fouettez les œufs, le yaourt, le lait, la feta, le cumin, le persil et la menthe hachés et salez.
3. Séparément, tamisez les farines et la levure, puis ajoutez-les à la préparation précédente. Versez la pâte dans le moule et enfournez pour 50 min. Laissez refroidir.

Variante : la feta peut être remplacée par de gros cubes d'halloumi.

Cake aux poivrons
et à la mimolette

POUR 6 PERSONNES
Préparation : 15 min
Cuisson : 55 min

2 poivrons (1 rouge et 1 vert)
120 g de mimolette
20 g de beurre pour le moule
200 g de farine + 20 g pour le moule
3 œufs
3 c. à soupe d'huile d'olive + pour la poêle
2 c. à soupe de lait
$^{2}/_{3}$ de sachet de levure chimique
$^{1}/_{3}$ de botte de thym frais
Sel et poivre

1. Préchauffez le four à 180 °C. Beurrez et farinez un moule à cake (24 cm de long).
2. Mélangez les œufs avec l'huile, le lait, la farine, la levure, salez et poivrez. Coupez la mimolette en fines lamelles.
3. Émincez les poivrons en lanières et faites-les revenir 15 min dans une poêle avec un filet d'huile.
4. Dans la pâte, ajoutez la mimolette, les poivrons et le thym effeuillé. Versez dans le moule et enfournez pour 40 min. Laissez refroidir avant de déguster.

Terrine de tomates
au chèvre

POUR 4 PERSONNES
Préparation : 15 min
Réfrigération : 12 h

1 kg de tomates
1 bûche de fromage de chèvre
1 bouquet de basilic
Sel et poivre

1. Plongez les tomates quelques secondes dans une casserole d'eau bouillante, puis passez-les sous l'eau froide. Pelez-les, puis coupez-les en rondelles en retirant les graines.
2. Dans une terrine tapissée de film alimentaire, alternez les couches de tomates et de fromage coupé en fines rondelles en parsemant de basilic ciselé et en salant.
3. Filmez et réservez 12 h au réfrigérateur en posant des poids par-dessus pour tasser. Videz l'excédent d'eau avant de démouler. Servez cette terrine avec une vinaigrette aromatisée au basilic ciselé.

Cake au chèvre
et aux épinards

POUR 6 PERSONNES
Préparation : 15 min
Cuisson : 35 min

140 g de crottin de chèvre
80 g de pousses d'épinards
20 g de beurre pour le moule
180 g de farine + 20 g pour le moule
3 œufs
3 c. à soupe d'huile d'olive
5 c. à soupe de lait
2/3 de sachet de levure chimique
Sel et poivre

1. Préchauffez le four à 180 °C. Beurrez et farinez un moule à cake (24 cm de long).
2. Coupez le crottin de chèvre en dés. Lavez et séchez les pousses d'épinards.
3. Fouettez les œufs, puis mélangez-les avec l'huile, le lait, la farine, la levure, salez et poivrez.
4. Ajoutez les dés de crottin de chèvre et les pousses d'épinards.
5. Versez la pâte dans le moule et enfournez pour 35 min. Laissez refroidir.

Terrine forestière

POUR 6 PERSONNES
Préparation : 10 min
Cuisson : 1 h environ

300 g de mélange de champignons
(cèpes, girolles, bolets, shiitakés…)
20 g de beurre
1 gousse d'ail
1 oignon moyen
40 cl de crème liquide
4 gros œufs
80 g de parmesan râpé
Quelques brins de marjolaine ou de thym
½ bouquet de persil
Huile d'olive
Sel et poivre

1. Préchauffez le four à 180 °C. Tapissez une terrine (25 cm de long) de papier sulfurisé.
2. Nettoyez les champignons, puis coupez-les en lamelles. Dans une poêle, mettez un peu d'huile à chauffer avec le beurre, ajoutez l'ail écrasé et l'oignon émincé. Faites cuire 5 min à feu doux.
3. Augmentez le feu et ajoutez les champignons. Laissez cuire 7 à 8 min à feu vif, jusqu'à ce que l'eau de végétation soit évaporée.
4. Dans un saladier, fouettez la crème liquide avec les œufs, le parmesan, la marjolaine effeuillée (ou le thym) et la moitié du persil, lavé et ciselé. Ajoutez les champignons.
5. Versez la préparation dans la terrine, placez dans un bain-marie et enfournez pour 50 min.
6. Laissez la terrine refroidir, puis démoulez-la sur un plat et parsemez de persil ciselé et éventuellement de morceaux de champignons crus.

Cake plein été

POUR 6 PERSONNES
Préparation : 10 min
Cuisson : 25 min

100 g de feta
100 g de tomates séchées
20 g de beurre pour le moule
180 g de farine + 20 g pour le moule
1 sachet de levure chimique
2 œufs
10 cl de lait
2 c. à soupe de basilic
Sel et poivre

1. Préchauffez le four à 180 °C. Beurrez et farinez un moule à cake.
2. Fouettez les œufs et le lait avec la farine et la levure.
3. Ajoutez la feta écrasée à la fourchette, les tomates séchées et le basilic ciselé. Mélangez.
4. Assaisonnez et versez la pâte dans le moule. Enfournez pour 25 min. Laissez refroidir avant de déguster.

Mini-cakes

mozzarella, tomates et basilic

POUR 9 MINI-CAKES
Préparation : 10 min
Cuisson : 12 min

1 grosse mozzarella
80 g de tomates confites
Quelques feuilles de basilic
20 g de beurre pour le moule
160 g de farine + 20 g pour le moule
3 gros œufs
10 cl d'huile d'olive
125 g de yaourt
½ sachet de levure chimique
Sel

1. Préchauffez le four à 160 °C. Beurrez et farinez 9 mini-moules à cake.
2. Fouettez les œufs avec l'huile d'olive, les tomates confites et le yaourt.
3. Séparément, tamisez la farine avec la levure et le sel, puis ajoutez-les à la préparation précédente. Ajoutez le basilic ciselé.
4. Répartissez des morceaux de mozzarella au fond des moules, puis couvrez-les de pâte et enfournez pour 12 min. Laissez refroidir avant de déguster.

Cake au roquefort, poires et noix

POUR 6 PERSONNES
Préparation : 15 min
Cuisson : 40 min

140 g de roquefort
2 poires
2 poignées de noix
20 g de beurre pour le moule
180 g de farine + 20 g pour le moule
3 œufs
10 cl de crème liquide entière
1 sachet de levure chimique
Poivre

1. Préchauffez le four à 180 °C. Beurrez et farinez un moule à cake (24 cm de long).
2. Fouettez les œufs avec la crème liquide, la farine, la levure et du poivre.
3. Épluchez les poires. Coupez le roquefort et les poires en cubes. Concassez les noix. Incorporez le tout délicatement au mélange précédent.
4. Versez la préparation dans le moule à cake et enfournez pour 40 min. Laissez refroidir avant de déguster.

Cake aux courgettes, feta et menthe

POUR 6 PERSONNES
Préparation : 15 min
Cuisson : 45 min

2 petites courgettes
200 g de feta
1/4 de botte de menthe
20 g de beurre pour le moule
180 g de farine + 20 g pour le moule
3 œufs
7 c. à soupe d'huile d'olive
2/3 de sachet de levure chimique
Sel et poivre

1. Préchauffez le four à 180 °C. Beurrez et farinez un moule à cake (24 cm de long).
2. Lavez et coupez les courgettes en morceaux, puis faites-les cuire 10 min dans un grand volume d'eau salée, puis égouttez-les. Coupez la feta en dés.
3. Fouettez les œufs avec la farine, la levure et l'huile. Ajoutez les courgettes, la feta et la menthe ciselée. Salez, poivrez et mélangez.
4. Versez la préparation dans le moule et enfournez pour 35 min. Laissez refroidir avant de déguster.

PALLARES
SOLSONA

Cake à l'aubergine et au curcuma

POUR 6 PERSONNES
Préparation : 20 min
Cuisson : 50 min

1 grosse aubergine
2 c. à soupe de curcuma en poudre
150 g de farine + 20 g pour le moule
20 g de beurre pour le moule
½ bouquet de basilic
1 sachet de levure chimique
100 g de parmesan râpé
1 pincée de sel
4 œufs
12 cl d'huile d'olive

1. Préchauffez le four à 180 °C. Beurrez et farinez un moule à cake (24 cm de long).
2. Lavez l'aubergine et coupez-la en petits cubes réguliers. Lavez et hachez le basilic.
3. Mélangez la farine, la levure, le parmesan et le sel. Fouettez avec les œufs avec l'huile et le curcuma, puis mélangez avec les ingrédients secs jusqu'à l'obtention d'une pâte bien lisse.
4. Ajoutez les cubes d'aubergine et le basilic, puis mélangez délicatement.
5. Versez la pâte dans le moule et enfournez pour 50 min. Laissez refroidir.

Cake aux deux olives et au romarin

POUR 6 PERSONNES
Préparation : 20 min
Cuisson : 35 min

100 g d'olives vertes dénoyautées
100 g d'olives noires dénoyautées
⅓ de botte de romarin
160 g de farine + 20 g pour le moule
20 g de beurre pour le moule
140 g de fromage de chèvre frais
4 c. à soupe d'huile d'olive
1 sachet de levure chimique
3 œufs
Sel et poivre

1. Préchauffez le four à 180 °C. Beurrez et farinez un moule à cake (24 cm de long).
2. Coupez le fromage de chèvre en morceaux. Mélangez l'huile d'olive avec la farine, la levure, les olives vertes et noires entières et le romarin effeuillé et haché, puis salez et poivrez.
3. Fouettez les œufs pendant 10 min. Incorporez-les délicatement au mélange précédent.
4. Versez la préparation dans le moule et enfournez pour 35 min. Laissez refroidir avant de déguster.

Carrot cake

POUR 6 PERSONNES
Préparation : 20 min
Cuisson : 45 à 50 min

250 g de carottes râpées
100 g de noix
20 g de beurre pour le moule
200 g de farine + 20 g pour le moule
3 œufs
150 g de cassonade
10 cl d'huile neutre
½ sachet de levure chimique
1 à 2 c. à café de cannelle

Pour le glaçage :
100 g de fromage frais type Philadelphia®
100 g de sucre glace

1. Préchauffez le four à 180 °C. Beurrez et farinez un moule à cake.
2. Concassez les noix en en réservant quelques-unes pour le décor.
3. Fouettez les œufs avec la cassonade, puis incorporez l'huile. Ajoutez la farine, la levure et la cannelle, puis incorporez les carottes râpées et les noix concassées.
4. Versez la préparation dans le moule et enfournez pour 45 à 50 min. Laissez refroidir avant de démouler.
5. Préparez le glaçage. Fouettez le fromage frais avec le sucre glace. Recouvrez le cake de glaçage et décorez des cerneaux de noix réservés.

Cake aux pommes

POUR 6 PERSONNES
Préparation : 20 min
Cuisson : 1 h

1 kg de pommes
170 g de beurre mou + 20 g pour le moule
100 g de farine + 20 g pour le moule
130 g de sucre
4 œufs
½ sachet de levure chimique
4 c. à soupe de calvados
Le jus de ½ citron

1. Préchauffez le four à 180 °C. Beurrez et farinez un moule à cake (24 cm de long).
2. Pelez et coupez les pommes en quartiers. Réservez ½ pomme et arrosez-la de jus de citron. Faites cuire les quartiers de pommes 20 min à feu doux avec un fond d'eau.
3. Fouettez les pommes cuites au batteur électrique avec le beurre, le sucre, les œufs, la farine, la levure et le calvados. Versez la pâte dans le moule et enfournez pour 20 min.
4. Détaillez la demi-pomme restante en fines lamelles et disposez-les sur le cake, puis poursuivez la cuisson 20 min. Laissez refroidir avant de déguster.

Cake au chocolat
et au gingembre confit

POUR 4 À 6 PERSONNES
Préparation : 20 min
Cuisson : 40 min

100 g de chocolat
50 g de gingembre confit
20 g de beurre pour le moule
160 g de farine + 20 g pour le moule
140 g de beurre ramolli
140 g de sucre glace
3 œufs
1 sachet de levure chimique

Pour le glaçage :
100 g de chocolat noir
50 g de crème liquide
1 c. à café de gingembre en poudre
20 g de dés de gingembre confit

1. Préchauffez le four à 180 °C. Beurrez et farinez un moule à cake (25 cm de long).
2. Cassez le chocolat en morceaux et faites-le fondre au bain-marie. Fouettez le beurre avec le sucre glace jusqu'à ce que le mélange devienne crémeux, puis ajoutez les œufs et fouettez à nouveau.
3. Incorporez le chocolat fondu, puis la farine et la levure. Coupez le gingembre confit en petits dés et ajoutez-les à la pâte.
4. Versez la pâte dans le moule et enfournez pour 40 min. Laissez refroidir complètement avant de le démouler.
5. Préparez le glaçage. Cassez le chocolat en morceaux et faites-le fondre au bain-marie avec la crème et le gingembre en poudre. Versez doucement le glaçage sur le cake froid. Parsemez de petits dés de gingembre confit et laissez refroidir.

Pain
poire-raisins secs aux épices

POUR 4 PERSONNES
Préparation : 10 min
Repos : 20 min
Cuisson : 1 h 05

1 poire
60 g de raisins secs
2 c. à café de 4-épices
20 g de beurre + 20 g pour le moule
475 g de farine d'épeautre complète
+ 20 g pour le moule
7 g de levure boulangère sèche
10 cl de lait tiède
1 œuf
75 g de sucre muscovado
1 pincée de sel

1. Préchauffez le four à 180 °C. Beurrez et farinez un moule à cake (20 x 12 cm) et placez au fond un rectangle de papier sulfurisé.
2. Délayez la levure dans 8 cl d'eau tiède et laissez reposer.
3. Pendant ce temps, pelez et râpez la poire. Battez le lait et l'œuf, puis ajoutez le sucre muscovado, les raisins secs, les épices, le beurre fondu, la poire et le sel.
4. Incorporez la levure, puis la farine et pétrissez quelques minutes.
5. Versez la pâte dans le moule. Couvrez d'un torchon et laissez lever 20 min.
6. Enfournez pour 45 min, puis couvrez d'une feuille d'aluminium et poursuivez la cuisson 20 min. Laissez refroidir avant de déguster.

Cake au citron

POUR 6 À 8 PERSONNES
Préparation : 20 min
Cuisson : 45 min

4 citrons non traités
70 g de beurre + 20 g pour le moule
230 g de farine + 20 g pour le moule
4 œufs
200 g de sucre
½ sachet de levure chimique
120 g de crème fraîche épaisse à 40 % de MG
Tranches de citron confit pour le décor (facultatif)

Pour le glaçage :
100 g de sucre glace
2 citrons

1. Préchauffez le four à 190 °C. Beurrez et farinez un moule à cake.
2. Râpez le zeste des citrons.
3. Fouettez les œufs avec les zestes de citron et le sucre jusqu'à ce que le mélange blanchisse, puis ajoutez le beurre fondu.
4. Incorporez la farine mélangée avec la levure, puis la crème fraîche.
5. Versez la pâte dans le moule et enfournez pour 45 min. Laissez le cake refroidir avant de démouler.
6. Préparez le glaçage en mélangeant le sucre glace et le jus des citrons. Badigeonnez le cake de glaçage. Décorez éventuellement avec des tranches de citron confit.

PEP
LEMON
100% LLIMONES DE MALLORCA
NATURAL
ATE DINNER / CHEF AT HOME
ALLORCA
OP / PALMA BAY
906 646
@gmail.com
OME
Palma
SMACK M
SUNSET APERITIF / PRIVA
PRIVATE ROO

Salades

Salade paysanne
à l'œuf poché

POUR 8 PERSONNES
Préparation : 45 min
Cuisson : 30 min

800 g de pommes de terre
500 g de mesclun
8 œufs
8 tranches de jambon de Bayonne
400 g de tomates cerises rouges et jaunes
½ baguette de pain
12 cl d'huile de tournesol
40 g de beurre
10 cl de vinaigre d'alcool blanc
Vinaigrette à la moutarde :
4 cl de vinaigre de vin
1 c. à soupe de moutarde
12 cl d'huile d'olive
Sel et poivre

1. Pelez et coupez les pommes de terre en rondelles d'environ 3 mm d'épaisseur, puis rincez-les.
2. Faites chauffer le beurre et les deux tiers de l'huile de tournesol dans une grande poêle. Mettez-y les pommes de terre à cuire 20 à 25 min à feu moyen en remuant régulièrement, puis salez et poivrez.
3. Faites bouillir 2 l d'eau dans une casserole avec le vinaigre d'alcool blanc. Baissez légèrement le feu, cassez un œuf dans un ramequin. Formez un tourbillon dans l'eau avec un fouet, puis versez doucement l'œuf dans le tourbillon. Reformez l'œuf cans l'eau avec 2 cuillères, puis laissez-le cuire 3 min dans l'eau frémissante. Égouttez sur du papier absorbant. Recommencez l'opération avec les autres œufs.
4. Coupez la baguette en cubes. Faites-les rissoler 5 min dans une poêle avec le reste d'huile de tournesol. Égouttez-les sur du papier absorbant.
5. Préparez la vinaigrette. Mélangez le vinaigre de vin avec la moutarde, salez et poivrez. Ajoutez l'huile d'olive en fouettant.
6. Mélangez le mesclun et les tomates cerises coupées en deux avec la vinaigrette dans un saladier. Déposez dessus les tranches de jambon, les croûtons et les œufs pochés. Servez aussitôt.

Salade
de pommes de terre à l'italienne

POUR 4 PERSONNES
Préparation : 15 min
Cuisson : 20 min

800 g de pommes de terre grenaille
6 tranches de jambon cru
100 g de parmesan
100 g de pousses d'épinards
10 tomates séchées à l'huile
Sel et poivre

1. Faites cuire les pommes de terre 20 min à l'eau bouillante jusqu'à ce qu'elles soient tendres, puis laissez-les refroidir.
2. Détaillez le jambon cru en lamelles et le parmesan en copeaux.
3. Égouttez les tomates séchées en réservant leur huile. Coupez-les en morceaux.
4. Coupez les pommes de terre en deux, puis mélangez-les avec le jambon cru, le parmesan, les pousses d'épinards lavées et essorées et les tomates séchées.
5. Assaisonnez avec l'huile réservée, salez et poivrez.

Salade de boeuf
à la thaïe

POUR 4 PERSONNES
Préparation : 20 min
Marinade : 2 h
Cuisson : 10 min

400 g de faux-filet de bœuf
2 carottes
½ concombre
2 salades sucrines
2 poignées de mesclun
½ bouquet de menthe
½ bouquet de coriandre
1 piment rouge
2 tiges de ciboule
2 c. à soupe de cacahuètes concassées

Pour la sauce au citron :
1 gousse d'ail
½ bâton de citronnelle
3 c. à soupe de sauce soja
1 c. à soupe de nuoc-mâm
1 c. à soupe de sucre de canne
½ c. à café de pâte de piment
2 c. à soupe de jus de citron vert
1 c. à soupe d'huile neutre

1. Préparez la sauce au citron. Pelez et écrasez la gousse d'ail. Hachez la citronnelle. Dans une casserole, mélangez la sauce soja avec le nuoc-mâm, le sucre, l'ail, la pâte de piment et la citronnelle. Portez à ébullition et retirez du feu.
2. Dans une assiette creuse, versez la moitié de la sauce sur le faux-filet, filmez et laissez mariner 2 h au réfrigérateur.
3. Filtrez le reste de sauce et ajoutez le jus de citron vert et l'huile. Pelez et râpez les carottes. Détaillez le concombre en bâtonnets. Émincez les salades, les herbes, le piment et la ciboule.
4. Égouttez la viande, puis mettez-la à saisir 1 min par face dans une poêle à feu vif. Détaillez-la ensuite en fines lamelles.
5. Disposez harmonieusement les légumes, la salade, les herbes, le piment et la ciboule, ajoutez les tranches de bœuf chaudes, parsemez de cacahuètes et arrosez du reste de sauce.

Salade italienne
aux courgettes râpées

POUR 8 PERSONNES
Préparation : 30 min
Cuisson : 10 min
Marinade : 30 min

1 kg de courgettes jaunes et vertes
8 tranches de jambon de Parme
500 g de mozzarella
16 quartiers de tomates séchées
1 bouquet de basilic
150 g de pignons de pin
2 c. à soupe d'huile d'olive

Pour la vinaigrette :
5 c. à soupe de vinaigre balsamique blanc
6 c. à soupe d'huile d'olive
Sel et poivre

1. Râpez les courgettes. Détaillez la mozzarella en petits dés. Hachez grossièrement les tomates séchées. Ciselez le basilic.
2. Préparez la vinaigrette. Fouettez le vinaigre avec l'huile, salez et poivrez.
3. Mélangez les courgettes, les tomates, la mozzarella et le basilic avec la vinaigrette, puis laissez mariner au moins 30 min au réfrigérateur.
4. Émincez le jambon de Parme. Faites-le rissoler 4 ou 5 min à la poêle avec le reste d'huile, puis laissez-les refroidir sur une feuille de papier absorbant.
5. Mettez les pignons de pin à griller 4 ou 5 min dans une poêle à sec. Au moment de servir, incorporez le jambon et les pignons, puis servez aussitôt.

Salade fattouche

POUR 4 PERSONNES
Préparation : 20 min
Cuisson : 4 min

3 tranches d'agneau cuit (gigot...)
8 petites tomates en quartiers
1 oignon rouge émincé
1 concombre en cubes
2 c. à soupe de mélange d'épices orientales
2 pains pita
½ bouquet de menthe effeuillée

Pour la vinaigrette :
2 c. à soupe de vinaigre de vin
1 c. à café de moutarde
6 c. à soupe d'huile d'olive
Sel et poivre

1. Préparez la vinaigrette. Mélangez le vinaigre avec la moutarde, salez et poivrez, puis versez l'huile en fouettant.
2. Préchauffez le four à 200 °C. Hachez grossièrement l'agneau cuit et faites-le griller dans une poêle huilée, puis saupoudrez d'épices orientales.
3. Mélangez tous les ingrédients avec la vinaigrette.
4. Détaillez les pains pita en bandes. Mettez-les à sécher à four chaud quelques minutes en surveillant, puis ajoutez-les à la salade au moment de servir.

Salade de quinoa
au jambon et à l'orange

POUR 4 PERSONNES
Préparation : 5 min
Cuisson : 10 min

240 g de quinoa
6 tranches de jambon cru
2 oranges
1 oignon rouge
100 g de chèvre frais

Pour la vinaigrette :
1 c. à soupe de vinaigre de vin blanc
3 c. à soupe d'huile d'olive
Sel et poivre

1. Mettez le quinoa à cuire 10 min dans un grand volume d'eau bouillante salée selon les indications du paquet. Égouttez, puis laissez refroidir.
2. Préparez la vinaigrette. Fouettez le vinaigre avec l'huile, salez et poivrez.
3. Coupez le jambon cru en lanières. Prélevez les suprêmes des oranges. Pelez et émincez l'oignon rouge. Détaillez le chèvre en morceaux.
4. Mélangez tous les ingrédients préparés sauf le chèvre. Salez, poivrez, assaisonnez de vinaigrette et parsemez de chèvre.

Salade de fèves
aux œufs, bacon et tomates

POUR 4 PERSONNES
Préparation : 15 min
Cuisson : 10 min

450 g de fèves
4 œufs
100 g de bacon
250 g de tomates cerises
2 c. à soupe de vinaigre balsamique
Sel

1. Faites cuire les fèves 6 min dans un grand volume d'eau bouillante salée.
2. En même temps, faites durcir les œufs 10 min dans de l'eau bouillante, puis plongez-les dans de l'eau froide, écalez-les et coupez-les en quatre.
3. Pendant ce temps, faites frire le bacon dans une poêle. Coupez les tomates cerises dans un saladier.
4. Égouttez les fèves, puis mettez-les avec les tomates, les œufs durs coupés et le bacon grillé. Assaisonnez de vinaigre balsamique.

Salade de pâtes
ensoleillée

POUR 4 PERSONNES
Préparation : 20 min
Cuisson : 8 min

250 g de pâtes fusilli artisanales
2 petites courgettes crues
5 tranches de jambon cru
200 g de tomates cerises multicolores
½ bouquet de basilic
1 poignée de pignons de pin

Pour la vinaigrette :
2 c. à soupe de vinaigre de vin
1 c. à café de moutarde
6 c. à soupe d'huile d'olive
Sel et poivre

1. Faites cuire les pâtes dans un grand volume d'eau bouillante salée pour qu'elles soient al dente.
2. Préparez la vinaigrette. Mélangez le vinaigre avec la moutarde, salez et poivrez, puis versez l'huile en fouettant.
3. Égouttez les pâtes et passez-les sous l'eau froide, puis arrosez-les de la vinaigrette.
4. Détaillez les courgettes en dés et le jambon cru en lanières. Coupez les tomates en deux. Effeuillez le basilic.
5. Mélangez tous les ingrédients préparés avec les pâtes et parsemez de pignons de pin.

Salade de roquette,
œufs mollets et chorizo

POUR 4 PERSONNES
Préparation : 20 min

200 g de roquette
4 œufs
125 g de chorizo
1 oignon
80 g de crostini à l'huile d'olive
3 c. à soupe de filaments de poivron séché

Pour la vinaigrette :
2 c. à soupe de vinaigre de vin
1 c. à café de moutarde
6 c. à soupe d'huile d'olive
Sel et poivre

1. Faites cuire les œufs 6 min dans de l'eau bouillante, puis rafraîchissez-les sous l'eau froide et écalez-les.
2. Lavez et essorez la roquette. Pelez et hachez l'oignon. Détaillez le chorizo en rondelles.
3. Préparez la vinaigrette. Mélangez le vinaigre avec la moutarde, salez et poivrez, puis versez l'huile en fouettant.
4. Mélangez la roquette avec l'oignon et le chorizo. Assaisonnez la salade avec la vinaigrette.
5. Disposez les crostini sur le dessus, puis les œufs mollets ouverts en deux et parsemez des filaments de poivron séché.

Salade forestière
au saucisson

POUR 4 PERSONNES
Préparation : 15 min

200 g de petits champignons de Paris
½ saucisson sans peau
200 g de mesclun
½ bouquet de cerfeuil
1 poignée de pistaches

Pour la vinaigrette :
5 c. à soupe de vinaigre balsamique blanc
7 c. à soupe d'huile d'olive
Sel et poivre

1. Émincez finement les champignons. Lavez et essorez le mesclun. Coupez le saucisson en fines tranches. Lavez et hachez le cerfeuil.
2. Préparez la vinaigrette. Fouettez le vinaigre avec l'huile, salez et poivrez.
3. Mélangez tous les ingrédients avec la vinaigrette.
4. Parsemez de pistaches hachées.

Salade de pâtes
au poulet, épinards et fromage

POUR 4 PERSONNES
Préparation : 10 min
Cuisson : 10 min

250 g de pâtes courtes (farfalle, penne...)
2 escalopes de poulet
100 g de pousses d'épinards
40 g de parmesan
100 g de ricotta
Huile d'olive
Sel et poivre

Pour la vinaigrette :
1 c. à soupe de vinaigre de cidre
3 c. à soupe d'huile d'olive
Sel et poivre

1. Faites cuire les pâtes dans un grand volume d'eau bouillante salée selon les indications du paquet, puis égouttez-les et laissez-les refroidir.
2. Mettez les escalopes de poulet à dorer 8 min dans une poêle avec un filet d'huile d'olive, puis détaillez-les en dés.
3. Pendant ce temps, préparez la vinaigrette. Fouettez le vinaigre avec l'huile, salez et poivrez.
4. Lavez et essorez les pousses d'épinards. Prélevez des copeaux de parmesan.
5. Mélangez les pâtes, le poulet, la ricotta, les épinards. Salez et poivrez, puis assaisonnez de vinaigrette et parsemez des copeaux de parmesan.

Salade de dinde
au boulgour et à la mangue

POUR 4 PERSONNES
Préparation : 15 min
Cuisson : 10 min

4 escalopes de dinde
250 g de boulgour
1 mangue
80 g de roquette
2 c. à soupe d'huile d'olive
2 c. à soupe de sauce soja

1. Faites cuire le boulgour 10 min dans un grand volume d'eau bouillante salée.
2. Pendant ce temps, mettez les escalopes de dinde à griller dans une poêle avec l'huile d'olive. Laissez-les tiédir, puis effilochez-les.
3. Égouttez le boulgour, passez-le sous l'eau froide pour le rafraîchir, puis égouttez-le de nouveau.
4. Pelez et coupez la mangue en dés. Lavez et essorez la roquette.
5. Mélangez tous les ingrédients préparés et assaisonnez de sauce soja.

Salade
de pois chiches et poulet grillé à la harissa

POUR 8 PERSONNES
Préparation : 30 min
Cuisson : 15 min
Repos : 15 min

800 g de pois chiches cuits
4 blancs de poulet
250 g de mesclun
2 c. à soupe d'huile d'olive
1 c. à café de piment en poudre
4 c. à soupe de vinaigre de vin
Sel et poivre

Pour la vinaigrette :
2 c. à soupe de miel
1 c. à soupe de harissa
10 cl d'huile d'olive
1 piment rouge doux
1 botte de coriandre
Sel et poivre

1. Préparez la vinaigrette. Faites légèrement chauffer le miel dans une petite casserole avec 5 cl d'eau, la harissa, salez et poivrez. Hors du feu, ajoutez l'huile et mixez. Ciselez le piment doux. Hachez la coriandre, puis incorporez-les à la vinaigrette et réservez.
2. Égouttez et rincez les pois chiches. Lavez et essorez le mesclun.
3. Dans une poêle, faites dorer les blancs de poulet 3 min par face à feu vif avec l'huile d'olive. Saupoudrez de piment en poudre, salez et poivrez. Prolongez la cuisson de 4 ou 5 min par face à feu doux en les arrosant d'huile.
4. Enveloppez les blancs de poulet dans une feuille d'aluminium et réservez-les 15 min. Récupérez le jus dé la volaille à l'intérieur de la feuille d'aluminium et mélangez-le avec la vinaigrette. Détaillez les blancs de poulet en tranches.
5. Mélangez les pois chiches avec le mesclun et la vinaigrette. Ajoutez les tranches de poulet, mélangez et servez aussitôt.

CAP BON

Salade iceberg
au poulet et radis

POUR 4 PERSONNES
Préparation : 20 min

1 salade iceberg
2 filets de poulet grillés
½ botte de radis roses
1 œuf dur
1 petite boîte de pois chiches
½ bouquet de ciboulette

Pour la sauce crémeuse :
2 c. à soupe de jus de citron
1 c. à soupe de moutarde
15 cl de crème fraîche épaisse
Sel et poivre

1. Préparez la sauce crémeuse en fouettant ensemble tous les ingrédients.
2. Mixez l'œuf dur avec la sauce crémeuse.
3. Lavez et essorez la salade, puis détaillez-la en lanières. Coupez les filets de poulet grillé en lamelles. Lavez et émincez les radis. Égouttez les pois chiches.
4. Mélangez tous les ingrédients préparés, puis assaisonnez avec la sauce et parsemez de ciboulette ciselée.

Salade de pâtes
italiennes au poulet

POUR 4 PERSONNES
Préparation : 20 min
Cuisson : 10 min

300 g de farfalle
250 g de blancs de poulet
80 g de pesto
200 g de tomates cerises
100 g de billes de mozzarella
Sel et poivre

1. Détaillez les blancs de poulet en lanières, puis faites-les cuire 10 min à feu vif en les enrobant de 40 g de pesto.
2. Pendant ce temps, faites cuire les farfalle selon les indications du paquet. Récupérez une petite louche d'eau de cuisson et mélangez-la avec le reste de pesto.
3. Égouttez les pâtes et passez-les sous l'eau froide, puis égouttez-les à nouveau. Coupez les tomates cerises en deux. Égouttez les billes de mozzarella.
4. Mélangez les pâtes avec le pesto délayé, les tomates cerises, les billes de mozzarella et les lanières de poulet au pesto, puis salez et poivrez.

Salade niçoise
au thon mi-cuit

POUR 8 PERSONNES
Préparation : 45 min
Marinade : 3 h
Cuisson : 20 min

800 g de thon frais
800 g de haricots verts
4 œufs
2 poivrons verts et rouges
200 g de vermicelle de riz
300 g de salade iceberg
300 g de tomates cerises
2 c. à soupe d'huile d'olive
60 cl de sauce soja
200 g d'olives noires
Huile pour friture
Gros sel

Pour la vinaigrette :
3 c. à soupe de vinaigre de vin
3 c. à soupe de vinaigre balsamique
7 c. à soupe d'huile d'olive
Sel et poivre

1. Détaillez le thon en tranches, puis mettez-les à saisir 1 min par face avec l'huile d'olive. Déposez-les dans un plat creux, arrosez-les de sauce soja, couvrez de film alimentaire et mettez à mariner 3 h au réfrigérateur.
2. Équeutez les haricots verts. Faites-les cuire 12 à 15 min dans un grand volume d'eau bouillante salée, puis égouttez-les et rafraîchissez-les dans de l'eau froide.
3. Pendant ce temps, faites durcir les œufs 10 min dans de l'eau bouillante. Rafraîchissez-les sous l'eau froide, écalez-les et coupez-les en deux. Émincez finement les poivrons.
5. Faites frire le vermicelle 2 min dans l'huile de friture chaude, puis égouttez-le sur du papier absorbant.
6. Préparez la vinaigrette. Mélangez les 2 vinaigres, salez, poivrez et incorporez l'huile d'olive en fouettant.
7. Émincez la salade. Coupez les tomates cerises en deux. Déposez-les dans un grand plat, puis répartissez les haricots verts et les poivrons par-dessus. Ajoutez les œufs et les olives, puis arrosez de vinaigrette.
8. Égouttez le thon, coupez-le en morceaux de 5 mm d'épaisseur environ, puis répartissez-les sur la salade. Au moment de servir, parsemez du vermicelle de riz frit.

Taboulé de sarrasin
aux légumes racines crus

POUR 4 PERSONNES
Préparation : 15 min
Cuisson : 3 min

180 g de sarrasin grillé
3 carottes
2 petites betteraves
2 c. à soupe de jus d'orange
3 c. à soupe d'huile d'olive
½ bouquet de persil
Sel et poivre

1. Faites cuire le sarrasin 3 min dans un grand volume d'eau bouillante salée. Égouttez-le, puis étalez-le dans un plat pour qu'il refroidisse rapidement.
2. Pelez les carottes et les betteraves, puis détaillez-les en fines rondelles à la mandoline.
3. Mélangez le jus d'orange avec l'huile d'olive, salez et poivrez. Enrobez les légumes crus de vinaigrette.
4. Mélangez le sarrasin avec les légumes et parsemez de persil ciselé.

Salade de pâtes
au thon, tomates et feta

POUR 4 PERSONNES
Préparation : 10 min
Cuisson : 10 min

350 g de pâtes courtes
1 boîte de thon au naturel
150 g de feta
250 g de tomates cerises
15 olives noires

Pour la vinaigrette :
1 c. à soupe de vinaigre de vin blanc
3 c. à soupe d'huile d'olive
Sel et poivre

1. Faites cuire les pâtes dans un grand volume d'eau bouillante selon les indications du paquet, puis égouttez-les et laissez-les refroidir.
2. Préparez la vinaigrette. Fouettez le vinaigre avec l'huile, salez et poivrez.
3. Coupez les tomates cerises en deux. Émiettez le thon. Détaillez la feta en cubes.
4. Mélangez tous les ingrédients préparés avec les olives, puis ajoutez la vinaigrette et remuez.

Salade de mâche,
haddock et mimolette

POUR 4 PERSONNES
Préparation : 20 min

200 g de mâche
200 g de filet de haddock
100 g de copeaux de mimolette vieille
5 pommes de terre cuites tranchées
2 c. à soupe d'amandes grillées
Le jus de 1 citron

Pour la sauce citronnette :
½ c. à café de sel
Le jus de 1 citron
10 cl d'huile d'olive

1. Détaillez le filet haddock en fines lamelles, puis arrosez-les de jus de citron.
2. Préparez la sauce citronnette. Faites fondre le sel dans le jus de citron, puis versez l'huile et émulsionnez.
3. Lavez et essorez la mâche. Détaillez la mimolette en copeaux. Hachez les amandes. Coupez les pommes de terre en morceaux.
4. Mélangez la mâche avec le haddock mariné, les pommes de terre et la sauce citronnette.
5. Parsemez de mimolette et d'amandes.

Salade de millet
aux crevettes et à l'ananas

POUR 4 PERSONNES
Préparation : 15 min
Cuisson : 15 min

250 g de millet
150 g de crevettes cuites
½ ananas
5 brins de menthe hachée
2 c. à soupe de vinaigre de xérès
Sel et poivre

1. Faites cuire le millet 15 min dans un grand volume d'eau bouillante salée, puis égouttez-le et laissez-le refroidir.
2. Pelez et détaillez l'ananas en dés. Lavez, essorez et hachez la menthe en réservant quelques feuilles pour le décor.
3. Mélangez le millet avec les crevettes, l'ananas et la menthe.
4. Salez, poivrez, assaisonnez de vinaigre et décorez de feuilles de menthe.

Taboulé de chou-fleur au thon

POUR 4 PERSONNES
Préparation : 5 min

1 chou-fleur
1 boîte de thon au naturel
2 tomates
1 concombre
Quelques brins de persil
Sel et poivre

Pour la sauce citronnette :
Le jus de 1 citron
7 c. à soupe d'huile d'olive
1 pincée de sel

1. Réduisez le chou-fleur en une fine semoule au mixeur.
2. Mélangez les ingrédients de la sauce citronnette.
3. Égouttez et émiettez le thon. Lavez et coupez les tomates et le concombre en dés. Lavez et ciselez le persil.
4. Mélangez tous les ingrédients, salez et poivrez. Assaisonnez de sauce citronnette.

Salade de poulpe à la grecque

POUR 4 PERSONNES
Préparation : 20 min
Cuisson : 30 min (40 min si le poulpe est cru)
Marinade : 1 h

1 kg de poulpe cuit ou cru
4 pommes de terre
2 gousses d'ail
1 poivron rouge
1 citron non traité
150 g d'olives vertes dénoyautées
1 c. à café de paprika
1 c. à café de piment d'Espelette
4 c. à soupe d'huile d'olive
1 bouquet de persil
Sel et poivre

1. Nettoyez soigneusement les tentacules du poulpe, puis plongez-les dans un grand volume d'eau bouillante pendant 30 ou 40 min selon qu'il est cuit ou cru.
2. Pendant ce temps, pelez les pommes de terre et mettez-les à cuire 20 min dans une casserole d'eau bouillante. Égouttez-les et détaillez-les en rondelles épaisses.
3. Coupez les tentacules de poulpe en tronçons.
4. Pelez et émincez l'ail. Épépinez le poivron, puis coupez-le en petits dés. Pressez le jus du citron et prélevez-en le zeste. Lavez et ciselez le persil.
5. Dans un saladier, mettez le poulpe avec l'ail, le paprika, le piment d'Espelette, les dés de poivron et les olives. Incorporez les rondelles de pomme de terre refroidies et arrosez d'huile d'olive et du jus de citron, salez et poivrez.
6. Mettez à mariner 1 h au réfrigérateur. Servez avec le persil ciselé et le zeste du citron.

Salade de saumon

aux pommes de terre, poireau et kale

POUR 4 PERSONNES

Préparation : 15 min

Cuisson : 25 min

2 pavés de saumon cuits
5 pommes de terre cuites en rondelles
3 blancs de poireaux
5 branches de chou kale
1 c. à soupe d'huile d'olive
Sel

Pour la vinaigrette :

½ c. à café de sel
2 c. à soupe de vinaigre de vin
1 c. à café de moutarde
1 c. à café de miel
6 c. à soupe d'huile d'olive

1. Préchauffez le four à 180 °C. Lavez et déchirez le chou kale en retirant les côtes, puis enrobez-le d'huile en frottant avec les mains. Salez-le et étalez-les sur la plaque du four, puis enfournez 10 à 15 min, jusqu'à ce qu'il soit sec et croustillant.
2. Plongez les blancs de poireaux dans un grand volume d'eau bouillante salée et faites-les cuire environ 15 min, jusqu'à ce qu'ils soient tendres. Égouttez et coupez-les en tronçons de 2 cm.
3. Coupez les pommes de terre en rondelles.
4. Préparez la vinaigrette. Faites fondre le sel dans le vinaigre, puis ajoutez la moutarde, le miel et émulsionnez avec l'huile versée en filet.
5. Mélangez les pommes de terre et les poireaux avec la vinaigrette, puis parsemez de chips de kale.
6. Détachez le saumon en copeaux et déposez-les sur la salade. Versez le reste de sauce.

Salade de riz
au thon et concombre

POUR 4 PERSONNES
Préparation : 15 min

100 g de riz sauvage
1 boîte de thon à l'huile
1 concombre
1 poivron rouge
10 olives vertes
1 branche de céleri
2 c. à soupe de câpres

Pour la sauce aux anchois :
4 filets d'anchois à l'huile
1 gousse d'ail
1 citron
1 c. à café de moutarde
1 filet d'huile d'olive

1. Faites cuire le riz sauvage dans un grand volume d'eau bouillante salée, puis égouttez-le.
2. Lavez et coupez le poivron en dés. Détaillez les olives en dés. Pelez le concombre et coupez-le en dés. Rincez le céleri, détaillez la tige en petits tronçons et émincez les feuilles.
3. Préparez la sauce aux anchois. Pelez la gousse d'ail, puis pilez-la au mortier avec les anchois. Ajoutez le jus du citron, la moutarde, puis l'huile d'olive.
4. Mélangez le riz avec le thon égoutté, le poivron, le céleri, la sauce, puis ajoutez les olives, les câpres et les feuilles de céleri.

Salade de fenouil,
orange, avocat et hareng

POUR 4 PERSONNES
Préparation : 15 min

1 fenouil
2 oranges
2 avocats
200 g de harengs fumés
5 brins d'aneth ciselée
2 c. à soupe d'huile d'olive

1. Coupez le fenouil en lamelles. Épluchez les oranges et les avocats, puis détaillez-les en quartiers.
2. Coupez les harengs fumés en morceaux. Lavez et ciselez l'aneth.
3. Mélangez tous les ingrédients préparés, puis parsemez d'aneth et arrosez d'huile.

Salade folle
aux ravioles grillées

POUR 4 PERSONNES
Préparation : 15 min
Cuisson : 5 min

200 g de ravioles à poêler
200 g de mesclun
1 bûchette de chèvre
3 c. à soupe de persil haché
1 poignée de noix
1 c. à café de baies roses moulues
Huile d'olive

Pour la vinaigrette :
2 c. à soupe de vinaigre de vin
1 c. à café de moutarde
6 c. à soupe d'huile d'olive
Sel et poivre

1. Faites dorer les ravioles quelques minutes dans une grande poêle avec un filet d'huile d'olive.
2. Lavez et essorez le mesclun. Lavez et hachez le persil. Détaillez le chèvre en rondelles. Hachez les noix.
3. Préparez la vinaigrette. Mélangez le vinaigre avec la moutarde, salez et poivrez, puis versez l'huile en fouettant.
4. Mélangez le mesclun avec le persil, les noix et assaisonnez avec la vinaigrette.
5. Ajoutez le fromage de chèvre et les ravioles, puis parsemez de baies roses.

Salade à l'omelette,
comté et tomates cerises rôties

POUR 8 PERSONNES
Préparation : 30 min
Cuisson : 10 min

8 gros œufs
250 g de comté
400 g de tomates cerises rouges et orange
6 sucrines
2 c. à soupe d'huile d'olive
1 c. à soupe de piment d'Espelette
30 g de beurre
1 bouquet de persil plat
Sel et poivre

Pour la vinaigrette :
6 c. à soupe de vinaigre balsamique blanc
8 c. à soupe d'huile d'olive
Sel et poivre

1. Préchauffez le four à 200 °C.
2. Placez les tomates cerises dans un plat allant au four, arrosez-les d'huile et enfournez-les pour 5 min. Laissez tiédir hors du four.
3. Fouettez les œufs avec le piment d'Espelette et poivrez.
4. Faites chauffer le beurre dans une poêle à feu moyen, puis versez-y les œufs, mélangez et laissez cuire 5 min à feu vif en mélangeant les 3 premières minutes.
5. Roulez l'omelette et réservez-la dans un plat. Une fois qu'elle est tiède, coupez-la en morceaux.
6. Retirez la croûte du comté et coupez-le en fines lanières. Lavez et ciselez le persil.
7. Préparez la vinaigrette. Mélangez le vinaigre avec du sel et du poivre, puis incorporez l'huile en fouettant.
8. Coupez les sucrines en lanières. Mélangez-les délicatement avec la vinaigrette, puis incorporez le comté, l'omelette, le persil et les tomates.

Salade de penne
aux fèves et à l'aubergine

POUR 4 PERSONNES
Préparation : 20 min
Cuisson : 30 min

200 g de penne
200 g de fèves pelées surgelées
1 gros poivron rouge
1 grosse aubergine
1 gousse d'ail
2 échalotes
50 g de pistaches mondées
2 c. à soupe d'huile neutre
Herbes de Provence
Sel et poivre

Pour la vinaigrette :
3 c. à soupe d'huile d'olive
1 c. à soupe de vinaigre balsamique blanc
Sel et poivre

1. Préchauffez le four à 200 °C.
2. Enfournez le poivron pour 15 min en le retournant régulièrement. À la sortie du four, enfermez-le dans un sac en plastique et laissez refroidir, puis retirez la peau, les graines et émincez la chair.
3. Faites cuire les pâtes al dente dans un grand volume d'eau en suivant les instructions de l'emballage. Dans une autre casserole, faites cuire les fèves dans un grand volume d'eau bouillante salée selon les indications du paquet.
4. Lavez et détaillez l'aubergine en cubes. Pelez et émincez l'ail et les échalotes. Concassez les pistaches.
5. Préparez la vinaigrette. Mélangez l'huile avec le vinaigre, salez et poivrez.
6. Faites sauter l'aubergine dans l'huile jusqu'à ce qu'elle soit tendre. Ajoutez l'ail et faites revenir 2 min, puis salez, poivrez et parsemez d'herbes de Provence.
7. Mélangez les pâtes égouttées, les légumes, les échalotes et les pistaches avec la sauce.

Salade de tofu frit

POUR 4 PERSONNES
Préparation : 20 min
Cuisson : 10 min

250 g de tofu nature
200 g de riz rouge
2 carottes
1 betterave chioggia
2 avocats
4 poignées de mesclun
4 c. à soupe d'amandes émondées
2 c. à café de graines de sésame
Quelques feuilles de coriandre
Fécule de maïs
Huile de friture

Pour la sauce :
2 c. à soupe d'huile d'arachide
1 c. à soupe de jus de citron vert
1 c. à soupe de sirop d'agave
1 c. à soupe de tamari
1 c. à café de moutarde forte ou à l'ancienne
1 c. à café de miso de riz
1 c. à café de purée de sésame (tahin)

1. Égouttez le tofu, puis détaillez-le en dés de 2 cm de côté et roulez-les dans la fécule de maïs.
2. Mettez-les à frire dans une poêle avec un peu d'huile pendant 5 min en les faisant dorer sur toutes les faces.
3. Préparez la sauce en mélangeant tous les ingrédients.
4. Faites cuire le riz dans un grand volume d'eau selon les indications du paquet. Égouttez-le et laissez-le refroidir.
5. Pelez les carottes et la betterave, puis râpez les carottes et taillez la betterave en fines rondelles. Pelez et détaillez les avocats en lamelles.
6. Répartissez le mesclun, les amandes, les légumes, le riz et le tofu frit dans un plat. Arrosez de sauce, puis parsemez de graines de sésame et de coriandre ciselée.

Salade d'avocats
et de pois chiches rôtis

POUR 4 PERSONNES
Préparation : 15 min
Cuisson : 15 min

3 avocats
400 g de pois chiches
1 grenade
1 citron confit
½ c. à café de cumin
1 c. à café de paprika
½ oignon rouge
½ botte de persil
Huile d'olive

Pour la sauce :
1 c. à soupe de tahin (purée de sésame)
2 c. à soupe d'huile d'olive
1 gousse d'ail
Sel

1. Préchauffez le four à 180 °C. Étalez les pois chiches égouttés en une couche sur une plaque à pâtisserie. Arrosez-les d'un filet d'huile d'olive, puis saupoudrez-les de cumin, de paprika et salez. Remuez pour bien enrober les pois chiches, puis enfournez pour 15 min.
2. Pendant ce temps, égrainez la grenade. Pelez et détaillez l'avocat et le citron confit en cubes. Pelez et hachez l'oignon rouge. Lavez et ciselez le persil.
3. Préparez la sauce. Mélangez le tahin avec l'huile d'olive, la gousse d'ail pelée et écrasée, puis salez.
4. Mélangez tous les ingrédients, puis assaisonnez avec la sauce.

Salade de pastèque
et de feta aux graines de courge

POUR 4 PERSONNES
Préparation : 30 min
Cuisson : 1 h

½ pastèque
200 g de feta
50 g de graines de courge
100 g de roquette
3 c. à soupe d'huile d'olive
1 c. à soupe de vinaigre balsamique
Sel et poivre

1. Épluchez la pastèque et coupez-la en morceaux.
2. Lavez et essorez la roquette. Égouttez et coupez la feta en dés.
3. Mélangez la roquette avec la feta et la pastèque. Arrosez d'huile d'olive et de vinaigre balsamique, puis salez et poivrez.
4. Parsemez de graines de courge.

Salade de lentilles

POUR 4 PERSONNES
Préparation : 15 min
Cuisson : 20 min

200 g de lentilles vertes
4 œufs extra-frais
1 betterave cuite
½ grenade
6 brins d'estragon

Pour la vinaigrette :
1 c. à soupe de vinaigre de cidre
4 c. à soupe d'huile d'olive
1 pincée de cumin moulu
Sel et poivre

1. Rincez les lentilles et faites-les cuire 20 min dans un grand volume d'eau bouillante non salée.
2. Pendant ce temps, faites durcir les œufs 10 min dans de l'eau bouillante. Coupez la betterave en dés. Égrainez la grenade. Effeuillez l'estragon.
3. Préparez la vinaigrette. Mélangez le vinaigre de cidre avec l'huile d'olive et le cumin.
4. Rafraîchissez les œufs sous l'eau froide, puis écalez-les et coupez-les en quartiers.
5. Égouttez les lentilles, puis ajoutez la vinaigrette, salez et poivrez. Ajoutez les dés de betterave, la grenade, l'estragon et les œufs.

Salade de haricots
blancs aux carottes et aux herbes

POUR 4 PERSONNES
Préparation : 15 min

500 g de haricots blancs en bocal
3 carottes
2 oignons nouveaux
1 c. à soupe de persil
1 c. à soupe de coriandre
1 c. à soupe de câpres

Pour la vinaigrette :
1 c. à café de moutarde à l'ancienne
1 c. à soupe de vinaigre de cidre
2 c. à soupe d'huile d'olive
Sel et poivre

1. Égouttez et rincez les haricots blancs. Pelez et râpez les carottes. Pelez et émincez les oignons nouveaux. Lavez et ciselez le persil et la coriandre.
2. Préparez la vinaigrette en mélangeant tous les ingrédients.
3. Mélangez les haricots blancs, les carottes, les herbes, les câpres et les oignons. Arrosez de vinaigrette et remuez.

Salade tiède
de légumes verts

POUR 4 PERSONNES
Préparation : 5 min
Cuisson : 10 min

200 g de petits pois frais ou surgelés
250 g de haricots plats
2 avocats
3 gousses d'ail
10 brins de ciboulette
Huile de sésame
1 c. à soupe de crème fraîche pour le service
Sel et poivre

1. Lavez et coupez les haricots plats en tronçons. Pelez et coupez les avocats en cubes. Pelez et hachez les gousses d'ail. Lavez et ciselez la ciboulette.
2. Faites cuire les petits pois 5 min dans un grand volume d'eau bouillante salée.
3. Mettez un filet d'huile de sésame à chauffer dans une poêle et faites-y sauter les haricots plats 5 min avec l'ail.
4. Mélangez les avocats avec la ciboulette, les petits pois et les haricots encore chauds, salez et poivrez. Arrosez d'un filet d'huile de sésame.
5. Servez la salade tiède avec de la crème fraîche.

Panzanella

POUR 4 PERSONNES
Préparation : 10 min

150 g de pain au levain rassis
6 grosses tomates bien mûres
2 petits oignons rouges
Quelques feuilles de basilic
4 c. à soupe d'huile d'olive
1 c. à soupe de vinaigre de vin vieux
Sel et poivre

1. Coupez le pain rassis en gros cubes. Lavez et coupez les tomates en quartiers en réservant le jus. Pelez et coupez les oignons en lamelles.
2. Mélangez le jus des tomates avec l'huile d'olive et le vinaigre, salez et poivrez.
3. Dans un saladier, mélangez les tomates, les cubes de pain et les oignons. Parsemez de feuilles de basilic, versez la vinaigrette et servez.

Salade de patates douces au quinoa

POUR 4 PERSONNES
Préparation : 15 min
Cuisson : 15 min

500 g de patates douces
120 g de quinoa
2 avocats mûrs
1 c. à soupe d'huile d'olive
Le jus de 1 citron
16 tomates cerises
1 poignée de noix de cajou
100 g de jeunes pousses
100 g de feta
Quelques brins de coriandre ciselée

Pour la vinaigrette :
2 c. à soupe d'huile d'olive
1 c. à soupe de vinaigre balsamique
Sel et poivre

1. Préchauffez le four à 220 °C. Pelez les patates douces et détaillez-les en rondelles. Mélangez-les avec 1 c. à soupe d'huile, salez et poivrez.
2. Déposez les rondelles sur une plaque recouverte de papier sulfurisé et enfournez pour 15 min en les retournant à mi-cuisson.
3. Rincez le quinoa, puis faites-le cuire dans un grand volume d'eau bouillante salée selon les indications du paquet, puis égouttez et laissez refroidir.
4. Pelez les avocats et coupez-les en dés, arrosez-les de jus de citron pour éviter qu'ils noircissent.
5. Coupez les tomates cerises en deux. Concassez les noix de cajou. Mélangez le quinoa, les patates douces, les jeunes pousses, les avocats et les tomates.
6. Préparez la vinaigrette. Mélangez l'huile avec le vinaigre, salez et poivrez. Versez cette sauce sur la salade et mélangez.
7. Répartissez la feta émiettée, les noix de cajou et parsemez de coriandre.

Salade de soba,
courgettes et radis

POUR 4 PERSONNES
Préparation : 10 min
Cuisson : 10 min

400 g de nouilles soba
2 courgettes
1 petite botte de radis roses
1 c. à soupe d'huile de sésame
2 c. à soupe de sauce soja
30 g de graines de sésame
Quelques graines germées (facultatif)
Huile neutre

1. Faites cuire les nouilles soba dans un grand volume d'eau bouillante selon les indications du paquet. Égouttez-les, puis rincez-les à l'eau froide pour enlever l'amidon.
2. Lavez les radis et coupez-les en fines rondelles. Lavez les courgettes et détaillez-les en petits dés, puis faites-les revenir dans une poêle avec un filet d'huile neutre.
3. Hors du feu, mélangez les nouilles et les radis, puis assaisonnez-les d'huile de sésame et de sauce soja. Salez, poivrez et mélangez.
4. Servez la salade parsemée de graines de sésame et éventuellement de graines germées.

パリ
2019年11月23日(土) 10:00-12:00
Concorde Montparnasse
40 rue Du Commandant Mouchotte, 750
お問い合わせ
03-5338-9607

Salade
de pommes, cheesecake au caramel

POUR 4 PERSONNES
Préparation : 15 min

5 pommes rouges, vertes et jaunes
6 biscuits Bastogne®
15 cl de crème liquide entière très froide
5 cl de coulis de caramel au beurre salé
1 poignée de noix de pécan

1. Coupez les pommes en tranches sans les peler. Cassez grossièrement les biscuits. Hachez les noix de pécan.
2. Fouettez légèrement la crème liquide.
3. Mélangez les pommes avec la moitié des brisures de biscuits dans un plat.
4. Déposez la crème fouettée au centre, puis versez le caramel en filet et répartissez le reste de biscuits et les noix de pécan.

Salade
de fruits d'été

POUR 4 PERSONNES
Préparation : 10 min

2 poires
6 abricots
125 g de framboises
½ orange
1 c. à soupe de miel
Quelques feuilles de menthe

1. Pressez la demi-orange et mélangez le jus avec le miel.
2. Pelez et coupez les poires en fins quartiers. Lavez et coupez les abricots en lamelles.
3. Dans un saladier, réunissez les quartiers de poire, les lamelles d'abricot, puis ajoutez les framboises.
4. Mélangez avec le jus d'orange au miel et parsemez de feuilles de menthe.

Salade de pêches,
nectarines et coulis de groseilles

POUR 8 PERSONNES
Préparation : 20 min
Marinade : 30 min
Cuisson : 20 min

3 pêches jaunes
3 pêches blanches
4 nectarines
200 g de groseilles
80 g de sucre
1 brousse (ou 1 faisselle)

1. Pelez les pêches et coupez tous les fruits en tranches. Lavez et égrappez les groseilles.
2. Mélangez les groseilles avec le sucre et laissez-les macérer au moins 30 min.
3. Versez-les dans une casserole et faites-les éclater à feu moyen, comme pour une confiture.
4. Mélangez régulièrement avec une cuillère en bois pendant 15 à 20 min, puis passez la préparation dans une passoire ou un chinois. Pressez pour récupérer le maximum de jus.
5. Au centre du plat, déposez la brousse ou la faisselle égouttée. Répartissez les fruits autour, arrosez d'une spirale de coulis de groseilles et servez le reste à part.

Salade d'agrumes
et de grenade

POUR 4 PERSONNES
Préparation : 15 min
Repos : 30 min

3 oranges
3 clémentines
2 pamplemousses
½ grenade
1 c. à soupe de miel
1 c. à soupe d'huile d'olive
Quelques brins de thym ou d'origan frais

1. Pelez les agrumes à vif, puis coupez-les en tranches fines.
2. Égrainez la grenade.
3. Déposez les fruits dans un plat, puis arrosez-les de miel et d'huile d'olive. Mélangez pour enrober les fruits et laissez reposer 30 min au réfrigérateur.
4. Servez parsemé de thym ou d'origan.

Index des recettes
par ingrédient

Table des équivalences France-Canada

Poids

55 g	2 onces	200 g	7 onces	500 g	17 onces
100 g	3 onces	250 g	9 onces	750 g	26 onces
150 g	5 onces	300 g	10 onces	1 kg	35 onces

Ces équivalences permettent de calculer le poids à quelques grammes près (en réalité, 1 once = 28 g).

Capacités

25 cl	1 tasse	75 cl	3 tasses
50 cl	2 tasses	1 l	4 tasses

Pour faciliter la mesure des capacités, une tasse équivaut ici à 25 cl (en réalité, 1 tasse = 8 onces = 23 cl).

CRÉDITS DES RECETTES : © LAROUSSE

Vincent Amiel : 66d, 68g, 76d, 82d, 86d, 94g, 96, 102d, 102g, 104d, 106d ; **Séverine Augé :** 110 ; **Amandine Bernardi :** 16g, 28d, 32d, 54g, 106g, 134d ; **Blandine Boyer :** 32g ; **Audrey Cosson :** 44d, 82g, 104g ; **Élise Delprat-Alvarès :** 22d, 30, 76g, 94d, 100g ; **Valéry Drouet :** 118g, 122, 132, 136, 150 ; **Pauline Dubois-Platet :** 120, 152, 154, 158d, 160d ; **Marine Durand :** 156g, 159 ; **Coralie Ferreira :** 18d, 48g, 60g, 80, 91, 158g ; **Isabelle Guerre :** 14g, 108 ; **Hélène Huret :** 112, 146g ; **Larousse :** 86g ; **Delphine Lebrun :** 12, 14d, 16d, 20d, 22g, 23, 26d, 26g, 28g, 36d, 40d, 42, 46d, 48d, 50d, 58d, 58g, 118d, 124d, 126g, 130d, 130g, 138d, 140d, 142d, 142g, 146d, 156d, 162, 166d ; **Emmanuelle Levesque :** 18g, 34, 38, 40g, 44g, 46g, 49, 50g, 52g, 54d, 56d, 57, 66g, 68d, 70, 72d, 74, 78, 84, 87, 88, 90d, 90g, 92d, 92g, 98, 100d, 160g ; **Anne Loiseau :** 56g, 60d, 124g, 126d, 128d, 128g, 134g, 138g, 140g, 144, 148, 164g, 166g ; **Mélanie Martin :** 20g, 24, 36g, 52d ; **Noémie Strouk :** 164d ; **Béatrice Vigot-Lagandré :** 72g.

CRÉDITS DES PHOTOGRAPHIES (ET STYLISME SAUF MENTION CONTRAIRE) : © LAROUSSE

Delphine Amar-Constantini (stylisme Anne Loiseau) : 124, 127, 128, 129, 134, 140, 145, 149, 164 ; **Fabrice Besse (stylisme Manuella Chantepie) :** 54, 106 ; **Aimery Chemin :** 19, 48d, 60, 81, 91, 158g **(stylisme Coralie Ferreira)**, 113, 146 **(stylisme Chae Rin Vincent)** ; **Emanuela Cino :** 20, 25, 36, 53 **(stylisme Mélanie Martin)**, 61, 166 **(Stylisme Anne Loiseau)** ; **Guillaume Czerw :** 104 ; **Charly Deslandes (stylisme Séverine Augé) :** 111 ; **Sophie Dumont (stylisme Delphine Lebrun) :** 13, 15, 17, 21, 22g, 23, 26, 27, 28, 33, 37, 43, 48d, 51, 58, 59, 119, 125, 126, 131, 135, 141, 143, 147, 157, 163, 167 ; **Virginie Garnier (stylisme Audrey Cosson) :** 45, 82 ; **Amandine Honegger (stylisme Sylvie Rost) :** 22d, 31, 56g, 72, 76, 95, 100 ; **Emmanuelle Levesque :** 18, 35, 39, 40, 44, 46, 49, 50, 52, 55, 56d, 57, 66, 69, 71, 73, 75, 79, 85, 87, 89, 90d, 90g, 92g, 93, 99, 101, 160 ; **Claire Payen (stylisme Vincent Amiel) :** 67, 68g, 77, 83, 86d, 94, 97, 102, 103, 105, 107 ; **Olivier Ploton :** 32 **(stylisme Blandine Boyer)**, 165 ; **Aline Princet :** 81 **(stylisme Coralie Ferreira)**, 109 **(stylisme Isabelle Guerre)** ; **Laëtitia Vasseur :** 86g ; **Fabrice Veigas :** 16, 17, 29, 47, 41, 130, 138, 139, 142, 156, 159 **(stylisme Delphine Lebrun)**, 121, 153, 155, 161, 158d, **(stylisme P. Dubois-Platet)**, 156, 159 **(stylisme Mélanie Durand)**, 14 **(stylisme Isabelle Guerre)** ; **Pierre-Louis Viel (stylisme Valery Drouet) :** 118, 123, 133, 137, 151.

Direction de la publication : Isabelle Jeuge-Maynart et Ghislaine Stora
Direction éditoriale : Émilie Franc et Julie Martin
Direction artistique : Géraldine Lamy
Édition : Ewa Lochet et Marie Delas
Conception graphique et mise en page : Lucile Jouret
Couverture : Valentine Antenni
Fabrication : Bérénice Catin-Poix

ISBN : 978-2-03-604904-8

Photogravure : Chromostyle
Imprimé en Espagne par Graficas Estella
Dépôt légal : mai 2023
333314/01 – 11052320 – février 2023